JN408704

누가 꽁치를 표절했나

문학공원동인지 12집

누가 꽁치를 표절했나

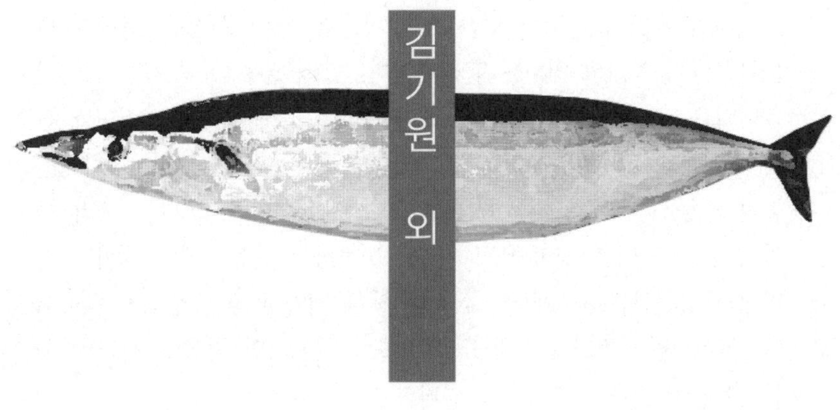

김기원 외

문학공원

<열두 번째 동인지를 펴내며>

우리의 마음은 벌써 봄

김 순 진(계간 스토리문학 발행인)

역사는 흐른다는 말이 있습니다. 계간 <스토리문학>을 탄생케 한 문학공원 동인회의 역사도 흘러갑니다. 벌써 열두 번째 동인지가 나옵니다. 그간 문학공원 동인을 창립한 지가 12년차라는 말이니 강산이 변하고도 남음이 있습니다. 그동안 1천여 명의 작가가 문학공원 동인을 통해 발표하거나 문단생활을 시작했습니다. 그리고 우리 동인 출신들이 이를 밑바탕으로 더욱 노력하여 신춘문예나 메이저 잡지에서 당선하는 등 기쁜 소식을 전해올 때마다 맘이 설레곤 했습니다. 우리 출신 작가들이 문단에 나아가 성공적인 활동을 하는 것을 볼 때 더욱 깊은 사명감을 느낍니다.

이번 12집 『누가 꽁치를 표절했나』에도 새로 문단활동을 시작하는 신인작가들이 여러 분 참여하였습니다. 이는 매우 고무적인 일로 문학공원 동인회나 계간 <스토리문학>의 미래를 위해서도 매우 환영할 일입니다.

여러 분께서 문학공원 동인과 스토리문학이 어떻게 다르냐고 묻습니다. 문학공원 동인은 스토리문학의 예하 단체라 보면 좋겠습니다. 시동인은 <문학공원>, 수필동인은 <자작나무>, 소설동인은 <스토리소동>이라 칭하였습니다. 지금은 세 장르의 동인이 결성되고 활동해 나가지만 앞으로는 평론과 아동문학, 번역 등 여러 장르의 동인이 결성되어 한국스토리문인협회가 말 그대로 한국의 대표적인 문학단체로 거듭나기를 기원해봅니다.

이번 동인지에는 귀한 문단의 원로 시인님들의 원고를 게재하게 되어 너무나 기쁩니다. 먼저 십여 년을 하루같이 돌봐주시고 격려해주시며 원고를 내주시는 함동선 교수님께 진심으로 감사의 말씀을 드립니다. 그리고 특별히 저와 스토리문학을 아끼고 사랑해주시는 전 한국현대시인협회 이사장 유승우 시인님께도 진심으로 감사의 인사를 올립니다. 그리고 계간 <스토리문학> 2013년 겨울호 메인스토리에 모신 이영춘 시인님의 원고를 받아 게재하게 됨은 매우 기쁜 일입니다. 이영춘 시인님은 여류시인으로 지방에 거주하시는 시인이시면서도 중앙 문단에서 왕성한 활동을 하시는 분이라 여러분께 귀감이 될 것입니다.

계간 <스토리문학>이 이만큼 발전한 데는 여러 분께서 아끼고 사랑해주신 덕분입니다. 특히 지성찬 주간 선생님과 권순진, 임영석 부주간 선생님의 노력이 아니었다면 오늘의 스토리문학이 존재할 수 없었을 것임에 세 분께 머리 숙여 진심에서 우러나는 인사를 올립니다.

3년 전부터 스토리문학상 제도를 신설하여 문학공원 동인지에 글을 내시는 분에 한해 시부문우수상을 시상해 왔습니다. 2011년 제1회 스토리문학상 우수상에는 오현주 시인, 2012년 제2회 스토리문학상 우수상에는 권은중 시인, 그리고 2013년 제3회 스토리문학상 우수상에는 김필영 시인이 선정되었습니다. 세 분 모두 너무나 좋은 시를 쓰시는 분들이라 앞으로 우리 시단을 이끌어갈 좋은 인재라 생각하오며 진심으로 축하드립니다.

이렇게 한 굽이 한 굽이 스토리문학의 역사가 흘러갈 때마다 저는 크나큰 보람을 느낍니다. 머지않아 봄이 찾아올 것 같습니다. 이토록 풍성한 마음의 새싹이 돋는 우리의 마음은 벌써 봄입니다. 고맙습니다.

차 례

초대시

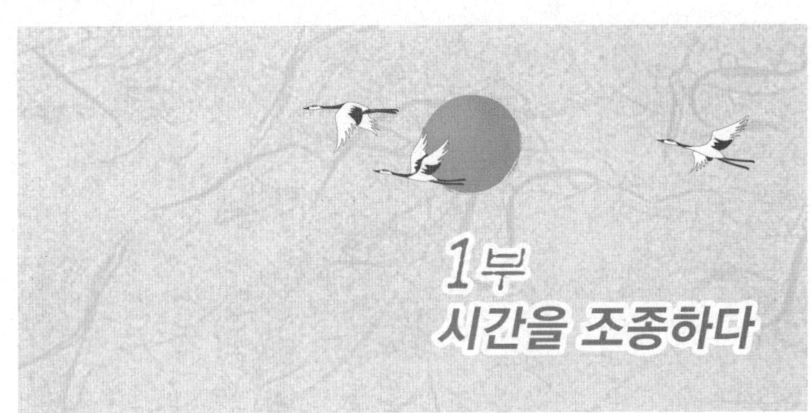

1부 시간을 조종하다

2부 아주 오래된 그림들을 보면

3부 갈대의 낙관

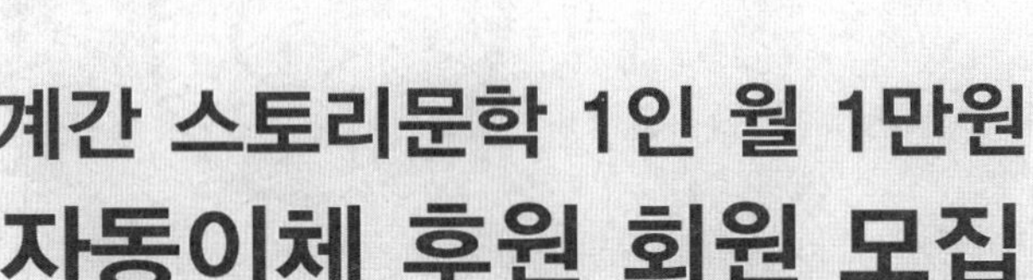

계간 스토리문학 1인 월 1만원 자동이체 후원 회원 모집

지난 2013년 7월 27일 저녁, 2013년 한국스토리문인협회 영월문학기행 저녁행사에서는 '스토리문학'의 원만한 발행을 위하여 〈'스토리 문학' 1인 월 1만원의 자동이체 후원 회원〉을 1차로 100명을 모집하자는 특별 발의가 있고 참여했던 작가들의 동의가 있었습니다.

이제 스토리문학은 10년차가 되어 명실상부한 좋은 문학지로 거듭나고 있는 시점에서 이번 〈스토리문학 1인 월 1만원의 자동이체 후원 회원〉 100명 모집은 대단히 의미 있는 일입니다. 여러분은 월 1만원이지만 100명만 모여도 분기별로 300만원의 발행비용이 마련될 수 있으며 이는 스토리문학 발전에 크게 기여할 것입니다.

이 후원회비는 결코 사비로 전용치 않을 것이며 정기적인 감사를 받아, 오직 〈스토리문학〉을 만드는 데만 사용하여 여러분의 성원대로 최고의 문학지로 발돋움시키겠습니다. 후원하시는 분께는 스토리문학을 보내드리겠습니다. 고맙습니다.

자동이체를 신청하실 계좌번호

기업은행 018-092645-01-013 스토리문학

(꼭 은행에 가셔서 신청을 하셔야 합니다.)

전화번호 : 02-2234-1666, 010-2234-4461, 팩 스 : 02-2236-1666

이메일 : 4615562@hanmail.net

초대시

함동선
유승우
이영춘
지성찬
권순진
임영석
문모근

밀물 때가 온다 외 2편

함 동 선

사람은
만나지 못하면 죽은 것과 마찬가지예요
고구려 벽화 속에 잠들었던 민들레가 피고
잠자리 메뚜기 딱정벌레가 살아나는데요
당신이 이렇게 자리 차지한 것은
내가 당신 앞에 이미 그런 자리를
예비하고 있었던 것이요
석모도 보문사의 석탑 그림자가
긴 막대기 되어 내게 걸쳐 오는 것은요
당신이 삼천 배 할 적의
그 솔바람 소리이었구요
물 흐르는 소리이었구요
그리고 이어질 듯 끊어지고 사라질 듯 나타나는
풀벌레 소리는요
하늘하늘 떨어지는 나뭇잎이었구요
나는 썰물에서 몸을 뒤집다가
개펄의 작은 배가 되어 옴짝 못 하고 있으니
주위는 새까만 적막뿐인데요
내일은 주저하며 다가오는지 몰라도
오늘은 화살처럼 날아가구요
어제는 영원히 제자리걸음이어요

너

기억 속에서 모든 사람이 나이를 먹지 않는데도 유독 너만은 나와 함께 나이 먹으면서 자라는구나 처음엔 막연한 존재이던 것이 차츰차츰 구체적 대상으로 바뀌어 수십 년 세월을 한꺼번에 달린 가슴이 동계를 느끼게까지 하니 말이야 그러다가 광복과 함께 38선이 그어지면서 오뉴월 나뭇가지 뻗듯 너의 소리하는 녀석들이 많아진 것은 6.25동란 때 아니 휴전 후의 일이 아니던가 아무리 말이 히잘거리고 다니는 세상이라 해도 발을 깊이 내리고 살아가는 너에게 하는 희떠운 소린 정말이지 말장난이더구나 이제 그 붉던 가을산이 또 한번 빛깔을 갈면서 칙칙하게 메말라갈 때 철 늦은 코스모스가 지천으로 핀 철둑에는 북으로 간 기차의 기적소리가 돌무더기 돌무더기로 남아 있구나 그런데 남에선 무릎을 치고 북에서 가슴을 치게 될지도 모른다는 세상 돌아가는 이야기 들은 적이 있었지 말대로라면 오죽 좋겠는가만 평생에 못 흘린 눈물 저승까지 가지고 갈 것 뭐 있겠어 우리 둘이 만나 한꺼번에 쏟으면 예성강이 넘칠지도 모르는데 아무튼 온 세상이 내 가슴에서 빠져나간다 해도 너의 소리 몇천 마디 모자라 이 세상 살려네 나중에 너의 소리 하려고 말일세

섬진강에서

둥둥둥 북소리에 끌려왔더니
섬진강은
나무 사이를 비집고 들어온 햇살로
종이처럼 얇고 깨끗하다
짐을 부리기 전인데
나는 이미 강이 됐는가 했더니
너는 물이 되어 흐른다
여기저기서
길이 한 자 두 치 둘레 여덟 치의 소리 북에
평생을 갇혀 산 김명환[1]의 북소리가
가슴을 두드리다가
나중엔 핏속으로 흘러들어 온몸을 죄기 시작한다
작설차에 젖은 오후
역마[2]의 슬픈 사랑을 기억하는
매화가 피기 시작한다
굽이굽이 주막이 있고 색시가 있고
은어회 맛내는 육자배기 가락이 있어
산수유꽃도 개나리꽃도 가만있질 않는다

---

1) 김명환(1913-1989) : 송만갑 임방울 박녹주 등의 명창이 함께 무대 서기를 바랐던 최고의 고수鼓手(북잽이)
2) 역마驛馬 : 김동리(1913-1995)의 소설(1948)

지나간 시간들이 밀려가고 있는 이곳
내가 너를 기다리는 오래 전부터
네가 기다린 곳은 이런 데가 아니었는가
비어 있으면 채우기가 쉬운 법인데
너에게 가는 길은 멀기만 하다
하동 화개 쌍계사 구례 곡성 남원
그리고 지리산이
목판화 되어 둥둥 떠간다

함 동 선

황해도 연백 출생, 중앙대학교 명예교수, 1958년 <현대문학> (서정주 추천)으로 문단 데뷔
현대시인상, 펜문학상, 국민훈장 석류장 예술문화상(문학부문) 대한민국 문화예술상(문학부문), 서울특별시 문화상(문학부문)
시집 『우후개화』 외 다수, 영역시집 『THREE POETS MODERN KOREA』 (최영미, 함동선 공동시집),
기타 저서 『한국문학비』, 『한국문학비 답사기』, 『절대고독의 눈물』 외 다수

시간의 식성 외 2편

유 승 우

시간은 못 먹는 게 없다
바위도 오래오래 씹으면
그 단단한 육질이 무너진다
63빌딩이나 청와대도 아마
한 천년이나 이천년 쯤 씹으면
시간의 입 속에서 녹아버릴 것이다
내가 생각하기엔 무엇보다도
시간이 가장 잘 먹어치우는 것은
여인과 꽃의 아름다움일 것이다
그러나 시간이 먹을 수 없는 게 있다
삼킬 수도 없으며, 소화할 수도 없다.
2천년이 넘도록 씹었지만 씹으면 씹을수록
시간의 입 속에서 더욱 크게 불어나
빛과 향기로 온 세상을 덮는다
공자나 석가나 예수의 이름이다
그 사랑의 향기이다

달빛의 혼

달빛의 혼은 달빛처럼 은은하고
푸르고 깊다
물을 많이 마신 날이면
내 정신도 푸르고 깊다
한강 상류의 여울목에서
물살에 찬란하게 빠져 죽은 달빛은
밤중의 강물처럼
푸르고 깊게 흘러온 달빛의 혼은
수도꼭지에서 흘러나오고,
물을 많이 마신 날이면
달빛의 혼에 취해, 술처럼 취해
달빛이 그리워 달밤이 그리워
파리한 내 정신은
달 밝은 들판에서 머리를 푼다

속옷

하늘이 하늘하늘 내려앉는다.
바다가 받아 받아 품에 안는다.
알몸으로 섞이는
커다란 몸짓
철썩 철썩…
옷을 벗는다.
벗어서 발치께로 밀어 던지는
사랑 앓는 큰 가슴의 깨끗한 속옷
하이얀 물결이 뭍을 적신다.

유 승 우

본명은 유윤식柳潤植, 1939년 강원도 춘성출생
1966년 <현대문학>지로 등단(박목월 추천)
인천대학교 명예교수. 한국현대시인협회 이사장 역임
경희문학상, 후광문학상, 기독교문화예술대상 등 수상
시집 『바람변주곡』, 『나비야 나비야』, 『그리움 반짝이는 등불 하나 켜들고』, 『나 있던 그 자리에』, 『달빛 연구』, 『하얀 모래섬』, 『살과 뼈는 정직하다』 외 저서 다수

밤의 데몬(DEMON)[3] 외 2편

이 영 춘

다리가 긴 황새처럼 나는 늘 허기가 진다 무언가를 기다리다 지친 다리의 종족, 어둠과 어둠 사이에 끼여 몸이 작아지는 형벌의 종족, 내 다리는 언제쯤 불 밝힐 것인가 꽃이 진 상처의 자리는 뜨겁다 황새의 깃은 보이지 않고 꽃잎 상처로 일렁이는 이 밤의 데몬, 데몬은 밤공기를 타고 어둠을 퍼 나른다 잠든 새들은 돌아오지 않고 어둠의 어깨에 얹은 내 손가락이 기운다 기울어진 손가락 한 끝으로 새들의 혼을 불러와 이 밤 어딘가에 등燈 하나를 단다 그러나 온 우주의 정령이 물그림자로 업혀 오는 이슬 안개, 안개의 한 쪽 귀가 흔들린다 누가 흘리고 간 눈물일까 빗물일까 강이 길게 한숨을 토한다

3) 그리스어 '정령精靈'의 뜻으로 차용.

떠도는 가방

어둠의 손짓이 그의 방향키를 세운다
때로는 바람의 입술이 되기도 한다
내 어머니가 그랬던 것처럼
그는 나를 이끌고 다닌다
꽉 잠긴 자크의 입처럼 그의 속에는
바람 주머니와 알약의 비닐팩들과
속옷, 양말 자잘한 일상들이
그의 몸통보다 큰 분신이 된다
주렁주렁한 링겔병들이 그의 그림자로
누울 때면
탱탱 부풀어 오르는 주름의 혓바닥이
하늘을 핥는다

그러므로
가방은 눈물이다
가방은 열린 금기다
가방은 내 영혼이 묶인 방향키다
그래 가자, 그가 이끄는 대로
생生과 사死를 끌고 다니는 수레의
바람 속으로

바람의 집

그가 떠난 빈 집 마당에 차를 세워 놓고 나는 한참을 울었다 통째로 저당 잡힌 내 동생의 집, 서까래에선 바람이 윙윙 늑대처럼 울었다 여기저기 붙은 붉은 딱지, 그가 토하고 떠난 핏덩이처럼 뭉클뭉클 구름덩이로 치솟아 올랐다 그가 남긴 흔적처럼, 목소리처럼 빈 소주병과 농약병이 웅웅댔다 누런 달빛이 그의 눈동자인 양 한참을 내려다보다가 '누나, 이제 그만 돌아가!' 그의 손길이 어느 새 내 등을 토닥거리고 사라졌다 적막이 그의 목소리로 꺽꺽 울어댔다

나의 엔진은 오래도록 시동이 걸리지 않았다

이 영 춘

강원 평창 봉평 출생, 경희대학교국문과 및 동대학원졸업
1976년 <월간문학> 신인상당선 등단. 원주여고 교장 역임
현재 한림대학교사회교육원 시창작반 출강
윤동주문학상. 강원도문화상. 대한민국향토문학상. 시인들이 뽑은시인상. 인산문학상. 제12회 고산윤선도문학상 대상 등,
시집 『시시포스의 돌』, 『귀 하나만 열어 놓고』, 『슬픈 도시락』, 『시간이 옆구리』, 『봉평장날』
시선집 『들풀』 외 다수.

심학산尋鶴山 시가초詩歌抄 외 2편

지 성 찬

1. 봄풀은 다시 푸르러라

깊은 산 속 오막살이 집 한 채 앉아있네
뜰 아래 가득한 살구꽃도 환한 적막
주인은 집을 떠났어도 봄풀은 다시 푸르러라

2. 벚꽃이 지다

꽃이 진다 꽃이 진다 화려한 벚꽃이 진다
꽃이 지고 나서 꽃의 마음을 아느니
내게도 벚꽃 같은 날 그런 날이 있었네

3. 할미꽃이 찾아왔다

양평의 동생 집에 할미꽃이 앉아 있다
그 옛날 고향 산에 봄마다 피던 얼굴
아직도 귓가의 솜털은 가시지도 않았구나

4. 마네킹 인생

명품名品 걸친 마네킹 불빛으로 환한 얼굴
최첨단 유행 디자인 무늬도 화려하다
체온이 없는 마네킹, 그리 사는 우리 인생

5. 옷을 벗고 목욕을 하면

세상사로 땀 흘리면 목욕을 할 일이다
내가 내 몸을 보며 맑은 물로 씻고 나서
이름도 내려놓으면 더 가벼운 몸뚱이

가을, 일산 호수공원에서

정발산 가을이 오면 물 드는 건 호수공원
서 있는 나무마다 한 폭의 그림인데
붉은 잎 떨구는 가지도 흔들리고 있구나

무슨 물감으로 이렇게 그릴 수 있나
순간으로 머무는 미학의 절정 앞에
나는 왜 여기에 서서 이 그림을 보고 있나

호수에 갇힌 물은 오히려 맑고 푸르다
체념의 순간들을 그대로 안고 누우니
지나는 구름을 보면 나도 구름이 되는구나

거울

내 가슴엔 작은 거울 하나가 있습니다.
내 얼굴을 비출 때면 슬쩍 감추면서도
미움이 솟구치면은 재빨리 꺼내든다.

구석에 오래 두어 먼지가 쌓인 거울
꺼내보기 싫어서 상자 속에 가두었다

지 성 찬

아호는 설정 연세대 경영학과 졸업 1980년 <시조문학> 추천, 한국시조시인협회 감사 역임, 계간 <스토리문학> 주간 제2회 스토리문학상 대상 수상. 제4회 한국예술작가상 미술부문 수상
시집 『서울의 강』 외 6권
가곡, 성가곡, 합창곡, 칸타타 등 200여곡 작곡

병길이의 주량 외 2편

권 순 진

내 가게서 일하는 병길이의 주량은 소주 일곱 병이다.

스스로는 타고난 주량이라지만 아무래도 곡절과 이력이 있어 보인다.

탱화를 그린다는 아버지, 그리고 어머니는 뭐 하시냐고 물었을 때

주저 없이 무속인이라고 대답한 병길이의 피가 예사 성분일 수는 없겠다

병길이의 아버지와 어머니는 만나서 사랑하고 또 합쳐 살면서

파란과 이별은 허술한 영화의 예고편처럼 이미 들통난 줄거리였던 것이다

방방곡곡 절집 떠돌며 술과 여자를 끼고 사는 남정네에게

온전한 혼인의 관계를 기대한다는 것 자체가 무리였다.

오래전부터 제 어머니와 갈라선 뒤 두 달에 한번은 꼭

아버지를 접견해왔다는데 그때마다 절 근처 술집으로 데려가서

말을 주고받는 대신 술잔을 주거니 받거니 했다는 것이다

열넷 봉오리 나이 때부터 성인이 된 지금까지 이력을 쌓아온 술 실력에

숙명 같은 어머니의 해장국 수발까지 받았으니

한해에 한 병씩 는 주량이 지금은 일곱 병이라지만

언젠가는 제 아버지 왕년의 주량 열두 병은 경신할 것도 같단다

올해가 다 가기 전에 한번 나하고 술 진탕 마셔보자는 제의에

더벅머리 긁으며 씩 웃어 보이는 병길이
잠시 내 주량 가늠하며 긴장하였지만 스물한 살과 쉰하나의 곡절을 안주삼아
통음한다 생각하니 언제일지 모를 그 겨울 별밤이 벌써 황홀해진다

뒤통수

너댓 살이나 되었을라나
귀여운 사내아이의 초롱초롱한 눈길이었다.
“"너 막걸리 한잔 할래?”
“전 됐고요, 어르신들이나 많이 드세요!”
“"너무 과음하지는 마시고요”

친구와 함께 들른 동네 빈대떡집에서
제 부모 손잡고 따라온 아이가
하도 똘망똘망하고 명랑해 보여
장난질 한번 쳤던 것인데, 이거 이거 이거
어른 뺨을 양쪽으로 후려갈기는 솜씨 좀 보게
요런 맹랑한 것 보았나

김지하 시인의 외아들이고
박경리 선생의 외손자인 원보씨 서너 살 무렵
외할머니 등에 어부바했을 때, 마침
찾아온 기자가 “넌 엄마가 좋아? 아빠가 좋아?”
질문이라기보다는 개념 없는 희롱에
원보는 기가 차고 콧물이 다 막혀
그 기자 한참 째려보다 “둘 다 싫어!”
침 뱉어내듯 한 마디 하고서 얼굴 돌렸다는 이야기

칠성동 굴다리 밑에서 주워왔다는 따위
요즘 아이들의 진보된 좌뇌엔
씨알도 안 먹힌다는 걸 진작 알았어야 했는데…

무엇에 빠진다는 것

오래전 멀쩡한 대학 나와 제법 괜찮은 직장에서
사회생활 잘 하던 후배가 있었다
어느 날 느닷없이 신학대학 간다며 부서 안을 돌면서
인사하던 그에게 사람들은 너나없이
가장 큰 사업에 도전한다며 그를 축하했다
나도 넉넉하게 웃으면서 그의 등을 두드렸다

방학이라 집에 들어앉은 큰아이에게
어디 알바라도 하지 그러냐고 했더니 바쁘단다
일주일에 한번 가도 될 교회를 무슨 꿀이 발렸다고
매일 그것도 새벽마다 열성인지
나는 상식적으로 이해하기 힘들었다
친구는 목회자가 되는 것은 어떠냐고 권했지만
나를 닮아 어수룩한 구석이 많은 녀석이
감당해낼 일은 아닌 것 같았다
자기가 좋아하는 일을 직업으로 갖는 것만큼
크나큰 축복은 없을 것이다 그런 신앙이
밥알을 만들어준다면 골백번을 더 빠진들 대수랴
큰 아이는 결국 가장 큰 사업에 빠졌고
하나님 말씀과 밥알을 검지로 헤아리고 있다

사람이 무엇에 빠진다는 것
도대체 어디까지가 상식적으로 용인되는 정도일까
종교, 도박, 복권, 컴퓨터, 낚시… 그래 詩까지도
생활의 방편이나 공영에 이바지 않는 이상
어느 것도 먹고 사랑하는 일 보다 우선일 수 있으랴
나는 아직 그 녀석의 등을 두드려주지 못하고 있다

권 순 진

1954년 대구 출생, 2001년 <문학시대> 등단
현직 대구일보 사외논설위원, 계간 <스토리문학> 부주간
대표시집 『낙법落法』
시해설서 『권순진의 맛있게 읽는 詩』
이메일 act4ksj@hanmail.net

필사筆寫 외 2편

임 영 석

는개 속 소나무는 솔잎이 붓끝 같다
아기울음 막 달래고 안도하는 엄마처럼
푸르고 푸른 말들을 허리 굽혀 받아쓴다.

당신이 볼 때에는 위태로운 절벽이지만
소나무는 그 절벽이 깨끗한 화선지다
목숨을 걸고 받아 쓴 풍경만을 펴놓는다.

나이 오십 내 귀는 들리지 않는 소리
소나무는 수십 년을 허공에 써놓고서
저 혼자 읽고 있는데 그 그들이 신비롭다.

천둥치면 천둥소리 바람 불면 바람소리
는개에 젖어들면 그 글들이 다 지워져
다시 또 받아 적는데 그 상상이 늘 푸르다.

믿음에 관하여

나무를 보니 나도 확실한 믿음이 있어야겠다
어떠한 바람에도 흔들리지 않는 기둥이 있어
우러러 부끄러움이 없는 삶을 살다가 가야겠다
그러려면 먼저 깊은 뿌리를 내릴 수 있는 땅에
내 마음의 나무 한 그루 심어야겠다
눈과 비, 천둥과 번개를 말씀으로 삼아
내 마음이 너덜너덜 닳고 헤질 때까지
받아적고 받아적어 어떠한 소리에도 귀 기울이지 않는
침묵의 기도문 하나 허공에 세워야겠다
남들이 부질없다고 다 버린 똥, 오줌
향기롭게 달게 받아먹고 삼킬 수 있는 나무,
무엇을 소원하지 않고 살아갈 수 있는 나무,
누구에게나 그늘이 되어주는 나무,
그런 나무의 믿음을 가져야겠다
하늘 아래 살면서 외롭고 고독할 때
눈물을 펑펑 흘리며 울고 싶을 때
못 들은 척 두 귀를 막고 눈감아주는 나무처럼
나도 내 몸에 그런 믿음을 가득 새겨야겠다

겨울밤

나무가 서 있으면
바람도 서 있겠다

부엉이 울음 속에 먹물을 풀어 놓고
산이 말을 하면 鶴처럼 목을 뽑아
열두 폭 병풍을 그려 하늘 밑에 세우면,

비로소 바람과 나무가
산으로만 가더라.

임 영 석

1961년 충남 금산 출생
1985년 <현대시조> 등단, 한국시조시인협회, 오늘의시조시인회의 · 좌도시 동인, 계간 <스토리문학> 부주간.
한국문화예술위원회 시부문 창작기금 받음, 강원문화재단 문화예술기금 받음, 제1회 시조세계문학상 수상
시집 『이중 창문을 굳게 닫고』, 『사랑 엽서』, 『나는 빈 항아리를 보면 소금을 담아놓고 싶다』, 『어둠을 묶어야 별이 뜬다』, 『고래발자국』, 『초승달을 보며』

매표소에 뜬 달 외 2편

문 모 근

늦은 밤 행선지를 찾는
별들의 눈빛이 초롱하다

사방 30센티미터 틈 이쪽과 저쪽에서
노포동이나 동래,
마산, 창원 등지를 떠돌다
표를 받아 든 얼굴이 환하고,
안도하는 마음 주머니에 넣으며
기다리고 있을 가족에게 행복한
미소를 보낸다

비틀거리면서 쓰러지면서
굳은 살 박힌 지폐 내밀고
우물우물 행선지 밝히는 사람의 어깨에
푸른 별빛이 흘렀다

외롭거나 그리운 사람들의 발길도 뜸한
새벽 두 시

매표소를 찾는 별들이 잠들고
후후 불며 나서는 새벽
하늘에 초승달이 떴다

호계장 · 8

사람들은 행색만 봐도 즐거웠다
생선에서 나는 비린내 쯤
오리고기 굽는 냄시, 닭강정 굽는 냄시 쯤
반가운 얼굴 보는 것보단 즐거움이 덜했다
잠깐씩 짬을 내 커피 한 잔 마시거나
인생살이 어차피 혼자라며
점심때 쯤 두셋 씩 모여
쪼그려 앉은 오봉 상에
김치찌개 된장찌개는 식어도
행여 손님이 올세라
두리번거리는 눈칫밥 먹어도
히죽 웃는 얼굴 하나면
세상 모든 것이 통하는 장날
이왕 이렇게 사는 것이니
고만고만한 삶의 덩어리 쯤
주름진 얼굴이라도 빙긋 바라보면
오늘보다 내일이 흥겨울 사람들이다

철길에 선 하루

이제 와 어쩌라고.
건널목을 지키는 간수의 머리 위
각혈 섞인 침을 뱉으며 휘청
또 한 번 비틀대며 잠시 앉은 자리
뒤돌아갈 수 없고 다시
내릴 수도 없는 거기
달궈진 철길에서 네 발로 걷거나
거꾸로 누워 짙은 몰탈 냄새 듬뿍
어깨에 담을 일이다

정지선에 내려놓는 삶 하나
쏜살같이 지워지고 이내
교차점에 선
하루가 팽팽하다

문 모 근

강원도 홍천 출생, 1992년 <시와 시인> 등단
한국스토리문인협회 이사, 계간 <스토리문학> 편집위원
울산문인협회 이사, 울산시인협회 회원, 수요시포럼 동인
시집 『새벽비』 외 4권

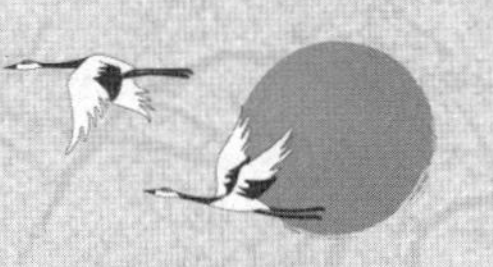

1부
시간을 조종하다

꽃의 옷을 벗기다 외 2편

김 종 웅

긴 터널에 불이 붙어 요원하다
뱃속이 비어 새까만 석탄재로 허기를 달래는
광부들에게 하늘은 두 개다
들숨을 틀어막는 막장은 믿음의 한계인 하늘이고
신은 늘 거기서 존재하며
더 이상의 믿음은
단순한 돼지껍데기에 불과하다
꽃은 꼭 제철에만 피는 것이 아니다
이름이 바뀌는 순간
꽃은 어느 순간에도 핀다
그들에게 꽃은 입이요 밥이요 끌어안을 가족이다
꾸준히 불을 지펴
부지할 목숨이다
맞잡은 연탄이 서로 손을 비비며 얼굴을 마주하고 있다
살 붙은 얼굴에서 꿈이 익는다
더 이상
검어질 게 없어
활활 산화한 꽃잎이 발갛게 얼굴이 붉는다

오지

오지 아닌 곳 어디 있으랴
문을 걸어 잠그면 옆집도 오지다

화병에 꽂힌
꽃의 이름이 솔깃해서
귀를 열어 그 꽃이 걸어온 길을 들여다보면
꽃의 발 아래 흐르는 물소리는 들을 것이다
계절보다 먼저 일어나
어둠의 소리를 좇고 숙연히 합장하는 숲의 기도
너의 모태는 오지다
길이 외로워서 오지다
떨어져 먼 이름으로
머무르고 싶은
허허로운 세상 외롭지 않은 것은
내가 있고 네가 또 그곳에 있어
서로를 열어볼 수 있음이다

눈 먼 곳 다가서지 못하고 그렇게
마음이 멀면 오지다

꽃의 이름

보이는가
저 조랑조랑 열리는 이야기
철 드는 몸짓이
움츠린 그림자 곧게 펴고
보름달같이 둥근 이름은 지어
누구든
그 누구든 불러모으는 야심찬 눈빛
덮어두었던 시집
꺼내어 읊조리는 바람 맑은 소리
들리는가
조율하면 노래가 되는
너와 나 사이
느슨하여
시린 가슴에 끼어든 먹먹한 이야기
한 울 한 울 녹여서
꽃의 이름이 되는.

김 종 웅

경남 산청 출생. <문학 21> 단편소설 신인상 등단, 계간 <시인정신> 신인상 시 등단, 한국스토리문인협회 이사. 문학공원 · 모던포엠 · 시섬문인협회 · 모닥불 · 문학예술 동인. 작품으로 장편소설『Six & Nine』 동인시집으로 『블랙커피로 죽이고 싶다』, 『섬은 물소리를 듣지 않는다』, 『그림자는 태양을 기다리지 않는다』 외 다수.

겨울나무 외 2편

김 정 태

가을비 찬바람이 불면
사람들은 껴입고 더 가지려 분주한데
그녀는 지난세월 그 황홀함을 벗어던지고
아무것도 가지지 않는 알몸이 된다

치열했던 지난 날
그 영광과 풍성함으로 나그네 벗이 되었던 기억은
세월의 한 자락에 묻어두고
가장 찬란한 모습으로 가장 현란한 몸짓으로
지난날 환호에 뜨겁게 감사한 후
모든 것 내려놓고 먼 길 떠날 채비를 한다

찬바람 겨울비 내린 어느 날 저녁
그녀는 가시나무새 슬픈 전설처럼 긴 울음 토한 후
기다림의 세월을 찾아 침묵의 냉혹한 길을 달려간다

쁘미의 세계

내 이름은 '쁘미' 털이 짧은 스무스 치와와다
우리 집 아저씨는 회사일이 바빠 매일 자정 넘어 술 취해 들어오고
아줌마는 사모님들 모임으로 늘 바쁘다
나는 상당히 영리하여 집안의 평화를 위해 온갖 아양을 떨어보지만
아저씨는 성질이 차가워 늘 오만상으로 신경질을 부리고
아들은 한 달이 멀다하고 사고를 쳐 집안은 바람 잘 날 없다
우리 집 식구들은 말끝마다 우리 동족을 들먹이는 버릇이 있다
아저씨는 TV뉴스를 보면서도 개새끼들, 병신새끼를 연발하고
아줌마는 화가 나면 아저씨에게 '야 이 개새끼야!'라고 고함지른다
집안 분위기는 이렇게 개판이지만
나는 먹는 것 입는 것 각종용품에 이르기까지 부족한 것 없이 지내며
철철이 예방주사, 정기검진, 온갖 문화생활을 하고 있다
언제부턴가 아줌마가 '쁘미야 엄마한테와'하면 나는 쪼르르 달려간다
엄마는 우리 집의 여왕이다

엄마 따라 아저씨 회사에 처음 갔을 때
너무 넓고 으리으리하여 기가 다 죽더라
직원들은 아저씨에게 사장님, 사장님하며 굽실대었고
버벅대다 벼락 맞는 직원의 진땀 빼는 모습은
뽀미가 보기에도 애처롭고 안쓰러웠다
집에서는 쪼다같이 엄마한테 쩔쩔매는데
회사에서는 직원들을 달달볶는 야차(夜叉)였다.
집에 와서 나를 괴롭히는 것도
회사에서 몸에 밴 못된 버릇 때문인 것 같다

엄마한테 당하고 나에게 화풀이 할 땐 참으로 가소롭다.
어제 저녁 술 취해 들어올 때
옷에서 풍기는 여자냄새가 수상해
큰소리로 짖다가 발길로 차여 입이 찢어졌다.
약이 올라 물어뜯으려다 참고
잠든 뒤 침대에 오줌을 싸 복수를 했다.
앞으로 한번만 더 발길질하면
그때는 잠자는 얼굴에다 오줌을 갈겨주어야지

오래 참다 피는 꽃

봄을 기다리는 사람들에게
반가운 소식 전해주려
성급히 고개 내밀던 꽃망울들이
꽃샘추위 된서리 맞아
방긋 웃다가 무안당하고 얼어붙었다
겨우내 긴 기다림으로 단장하고 있다가
봄바람 속삭임에 멋모르고 피어나던 꽃들이
길목을 버티던 꽃샘추위에 시달리다
끝내는 함박눈 덮어쓰고 눈꽃이 되었다

방글거리던 꽃들은 지난 봄 모두 다
그렇게 피었다가 져 갔는데
기지개 켠 철쭉꽃 이제사 웃음짓는다
애잔했던 꽃들이 져버린 5월의 거리는
파란 나뭇잎들이 서럽기조차 한데
오랜 기다림의 숨결은
핏빛처럼 진하게 천지를 물들인다

철쭉꽃
너는 오래 참다 피는 꽃!

봄을 참고 기다렸다가 어느 날 불꽃처럼 피어올라
푸른 오월을 더욱 찬란케 하는구나.

김 정 태

연세대학교 졸업. 고려대학교 평생교육원 시창작과정 수료. 주식회사 경방 임원 및 주식회사 시큐리트 대표이사 역임, <문예춘추>등단, 한국문예춘추 문인협회 이사, 한국스토리문인협회 이사. 문학공원 동인.
동인지 『겨울을 위한 소설』 외 다수

황태 외 2편

전 하 라

퇴근길, 황태처럼 깡마른 노숙자를 만났다
눈은 십 리나 들어간 듯 퀭했고
목의 굵은 식도가 드러나 있다
넘실대는 바다가 그리운 황태 같다
푸석하게 먼지 쌓인 사타구니에
허연 소금꽃이 피고 있었다
거친손, 양팔이 흐느적거린다
동해바다를 넘나들며 힘차게 물살을 가르던 저 지느러미
굽은 등 뒤로 슬픔이 노을처럼 넘실거리고 있다

저 어깨로 공사판에서 각목을 들어 날랐을까
저 두 팔로 봉재공장을 이끌던 재단사는 아니었을까
잇단 사업실패로 가족과 헤어져 거리로 밀려나왔을까
한때 가족들과 알콩달콩 진하게 살았을 그
또 다시 지느러미를 힘차게 움직여 격랑의 바다를 거스르며
굽은 어깨를 펼쳐 접영하며 푸른 파도를 유영했으면 좋겠다
그리하여 인생 막바지에
황태처럼 진한 국물 맛을 낼 수 있었으면

우산

퇴근길, 비가 내린다
흘럭흘럭 우산을 펼친다
붉은 나무 한 그루가 눈 깜짝할 새에 자라난다
나는 금세 비非로부터 격리된다
내 안엔 욕망의 나무들이 숲을 이루고 있다
곧 고통으로부터 격리될 수 있다는 생각을 한다
찔러도 모르는 한 방의 마취주사처럼
끙끙 앓은 나에게 우산을 펴줄 이는 없을까
나를 격리시키고 가족을 격리시키며 결국 꿈을 격리시키는 돈
외면을 격리시키며 상처를 격리시키고 결국 좌절을 격리시키고 싶다
집은 늘 변경할 수 없는 날짜변경선인가
저녁 늦게라도 나는 집으로 돌아가야만 한다
펼치면 바로 집이 되는 우산 같은 집은 없을까
새싹이 움트는 나무처럼 내 그늘이 풍만해지길 꿈꾼다

오늘은 강남터미널 사거리에 집을 펼치고
야들아, 엄마 강남에다 집 샀어
아이들을 부른다
모처럼 자기 집을 산 사람들
발걸음이 등기소로 향하듯 종종거린다

나쁜, 나쁜

아는 시인들과 충무로에서 만나
노가리 안주에 맥주를 마신다
그 집 안주는 달랑 노가리 한 가지
딱딱하게 마른 노가리는 파도에 밀려 고향으로 떠나갔다

한 동네 유명시인이
목을 매달아 자살했다며 엄마는 시를 쓰지 말라고 했다
시의 존재는 삶의 맛을 돋우는 고추장 같은 존재
시는 결코 자살을 부추기지 않는 것처럼
노가리를 아무리 찍어먹어도
고추장의 존재를 알아차리거나 감사하지 않는다

고추장처럼 수고한 어머니의 수고를 아는 것은
오직 나뿐,
그런 어머니에게 감사를 전하지 못한 나는
나는 고추장처럼 말없이 어울려 살고 싶은
나쁜 딸이다

전 하 라

계간 <스토리문학> 시 등단, 계간 <수필춘추> 수필 등단
고려대학교 평생교육원 시창작과정 수료, 한국문인협회 회원, 한국스토리문인협회 회원, 문학공원 동인, 자작나무수필 동인, 계간 <스토리문학> 편집장

등신불 외 2편

이 기 은

지하철을 타러 가는 길
쪽잠 자던 등신불 만났다
신문지 한 장의 억압에도
휘어진 허리 곧추 펴지 못하고
새우등으로 사는 여림
도구도 연장도 없는 무혈의 항거
가슴에 누가 있든
세놓고 저는 떠났든
다시 와서 세입자를 내어 쫓든
잠든 평화는 오로지 그의 몫이다
혹자는 소주에 절은 미소다
비아냥대지만
누가 그에게 소주 한 병
보시 한 적 있던가
세상은 나락으로 스며들지라도
깊은 잠 홀로 깬 염화미소는
욕심을 덜고 멍에 내려놓고
깃털처럼, 깃털처럼
시선을 모아 그 시선 빌려준 가슴에
한 송이 무욕의 꽃을 보내다
차갑지 않은 무중력 몸짓
말간 배냇웃음 시나브로 벙글다

너의 꿈을 위한 기도

바람이 없었다면 아직도 평면이었을
그대 삶에 아침이 분주하다
밤새 참았던 열기 뿜으며 내달리는 저들의 꿈은
가슴 깊은 곳 까지 아침을 마셔 보는 것이었을까
소실점으로 빨려들 듯 사라지는 타인의 아침을 보며
일상을 부풀리는 그대의 꿈은 무엇인가
내 것이되 내 것이 되지 못하는 하루를 위해
분주히 바람을 채워 몸피를 키워가는
늘상 반복되는 일 같아도 하루도 같지 않은 날들을
늘 같은 자세로 맞이하며
바람 이고픈 마음을 솟대의 몸짓으로
하늘에 대고 소리친다
정녕 당신이 존재하는 위대함이라면
가난한 마음들이 가난한 중에 모아 바치는
일련의 헌심獻心, 하찮음으로 대하지 말아 달라고
깃발 되어 나부끼며 기꺼이 솟대로 살아가는
허공이 담긴 그대의 몸
땀으로 흐르는 저 뿌듯함
아마도 나를 위한 기도였다면 도저히 잡을 수 없는
저림을 잡고 다시금 평면으로
몸피를 줄일 어둠이 내리기 전까지

인공의 광휘를 빌려서라도 소원하고픈
너의 꿈을 위한 기도.

꽃이 피는 일

단단한 껍질을 비집고 나올 때의 통증
그것이 꽃의 과거에서 꽃잎을 꺼내는 일이다
아픔 견디며 언제나 웃어야 하는 것은
꽃이란 이름을 가졌기에 지고가야 할 멍에다
잎이 무성할수록 그늘이 짙어지듯
시각을 현혹하는 빛의 산란이 강렬할수록
꽃이 겪는 일상 그 뒷면 신음소리 낭자하다
회귀하던 연어의 죽음을 알리는
폭포의 괴성이 아마도 꽃피는 소리일 게다
환한 웃음 매단 눈부신 백 촉 이슬등 달아
현란한 사포질로 시각을 혼동 속에 가두는
현실 위에 올라탄 꽃의 언어
화려함보다 짙은 설움 안으로 접는다
고단한 삶 숱한 애환에도 불구하고
꽃으로 갈무리하고 싶음은 피동적 삶을 사는
모든 생명들의 공통된 바람이리라
촉촉한 대지 부드러운 흙 골라 타임캡슐 속에
작은 소망 묻어두고
이젠 훨훨 사유 속으로 떠났을 마른 꽃의 갈망
아름다움으로 사는 것 보다
차라리 꽃이란 이름이 박제된 수인이고 픈

마른 대궁에 새긴 해독 가능한 유언
그것으로 다시금 꽃이 피는 일 반복될 것이다.

이 기 은李基銀

2006년 시부문, 2007년 수필부문 등단, 한국스토리문인협회 이사. 문학공원 동인
詩集 『자귀나무 향기1』(도서출판 글벗), 『우리 함께 눈먼 새로 살자』 2008년 1월, 『자귀나무 향기2』(도서출판 예지사), 『날갯짓을 해야 삶이 곱다』 2008년 5월
『별밤에 쓰는 편지』(문학방송 전자책) 2013년 11월
공저 『한국 100 인 명시선』 外 50여권 작품 수록
2009년 08월 독도詩 낭송회 대상 수상(문화복지신문)
2010년 11월 전남 장흥군 및 기봉백광홍선생선양회 전국 가사, 시조 공모 가사부문 응모, 대상수상(장흥군수)
2012년 11월 : 김포문학상 본상 수상(김포시장)

나는 어떤 색일까 외 2편

이 윤 순

바람의 등살에
이기지 못한 가을이
한 잎 두 잎 우수수
떨어져 나가고 있다
다시 못 올 2013년 가을을
노점상을 쫒아내듯
눈을 부릅뜬 바람이
거리를 활보하며 열심히
쫒아 내고 있다

새 색시 입술 같이 빨갛고
노랑나비 같은 가을의 조각
갈색 푸르딩딩 누르딩딩
가지각색의 가을의 조각들이
마구 엉켜 길이 온통 가을밭이다.
떨어져 구르는 것들을
툭툭 차며 저벅저벅 밟으며
나도 가을의 한 조각되어
바람에 떠밀려 세월 저쪽으로
걸어가고 있다

나는 어떤 색으로 보여질까
빨간색? 노란색? 갈색?
누르딩딩? 푸르딩딩?
같은 값이면 예쁜 색 되서
사람들의 눈에 뛰어
고이주어다 책갈피에
꼭 끼워놓고 싶은
그런 색의 단풍잎으로 지고 싶다

준비된 사람과 안이한 사람

미래를 설계하며
미래의 이력서를 쓰며
준비된 사람은
틈새를 이용해서라도
차표를 미리
예매한 사람과 같고

안이한 마음으로
미래 준비를
게을리한 사람은
종착역까지 서서 가면서
좌석에 앉아가는 사람을
부러워만 하는 사람과 같다

준비된 사람과 안이한 사람의
삶의 차이는 엄청나게 크다

늙은 유모차

뼈마디 실할 때는 애만 안고 다니더니
늙어서
힘없으니
할매 손 잡아주네
보살행
따로 없구나
당신 바로 보살행

귀하고 금쪽같은 아기를 몇 키웠나
그 아기 다 자라니
쓸모없이
밀려난 유모차신세

늙은이와 동병상련이다

이 윤 순

계간 <스토리문학> 시, 수필부문 신인 등단
한국스토리문인협회 이사, 문학공원 동인
시집 『스케치북 한 권』
시 동인지 『제로의 두께』 외 다수
수필동인지 『아버지와 자작나무』, 『목련화 필 때』

거룩한 동치미 외 4편

김 숙 경(stella)

첫눈이 수북이 쌓인 11월 초순
나무들 은빛 옷이 반짝반짝 빛나는 정오 무렵
이순耳順의 부부는 금방 삶은 고구마와 열흘 전 김장 때 담은
잘 익은 동치미를 브런치(Brunch)로 먹으며
입에 쩍쩍 붙는 맛이 환상적이다고 신혼처럼 웃는다
마주 보는 눈빛으로 고향을 부르며
행복이 별건가 라며 창문에 그려진 설경에 마냥 어린애가 되어
지난 세월 잊고 살았던 반세기 전 기억을 떠올린다
연탄가스가 방으로 새어 들어와 중독이 되었던 그 날
잠결에 엄마 손에 밖으로 끌려나와 신선한 찬바람을 쐬고
땅에 묻은 살얼음이 뜬 동치미 국물을 두 대접 가득 먹었다
조금만 더 늦게 발견되었다면 불구되었거나 하늘 갔을 거라 한다
엄마의 거룩한 손으로 담은 동치미는 나를 살렸다

타국에서 엄마 손맛을 그리며 딤채 속 동치미를 꺼내는 손엔 고향이 묻어나온다
어렸을 적 그날이 왜 이다지도 서럽게 리엑션(Reaction)으로 다가오는지

두타산(Duta Mountain)

세속 번뇌 버리고 고행의 길 걷는 두타
수없이 짓밟고 떠나도 아프다 한마디 없이
장엄한 기개氣槪로 보란 듯 길손들 반겨주는
당신 수행의 모습 닮고 싶습니다

연약한 풀잎도 소중히 쓰다듬는 천상 화원
새들과 풀벌레의 노래도 귀 기울이며
바람과 구름을 품으며 푸른 정기 내뿜는
당신 따뜻한 가슴 닮고 싶습니다

폭설과 폭풍에 찢기고 상처로 골이 파이고
타는듯한 한여름 불볕에도 인내하며
만년의 고단함도 함구하는
당신 거룩한 겸허謙虛 닮고 싶습니다

어스름 달빛에 산 그림자 업은 무릉계곡
물결에 물장구치는 별들 춤사위 동무하고
맑은 자연으로 부끄럼 없이 살아가는
당신 무소유 정신 닮고 싶습니다

비우면 채우고, 채워지면 다시 비우는
순환의 생을 당신 통해 배웁니다.

서울아리랑

그녀는 서울에서 태어났고 성장지는 부산이고 지금은 캐나다 에드몬톤에서 살아가는 이민자다. 그녀 입술엔 힘들때나 기쁠때나 무의식적으로 아리랑이 따라다는다. 그녀도 모르는사이 아리랑은 심장 깊은 곳에서 온 핏줄을 돌고 도나보다 '아리랑 아리랑 아라리요 아리랑 고개를 넘어간다. 나를 버리고 가신님은 십리도 못가서 발병난다' 고향을 버리고 사는 그녀에게도 수없이 발병이 났었다. 그럴 때마다 속 깊이 뭉쳐있는 거친 돌덩이를 아리랑을 부르며 몽돌이 되길 기원했었다. 그리움이 크면 클수록 아리랑을 더욱 큰 소리로 부른다. 그녀 몸속에 울려퍼지는 장구소리에 맞추어 신바람나게 부르기도 하고 구성지게 부르기도 한다. 아리랑을 부르고 있으면 고향에 와있는 듯하다. 너무 멀어 쉽게 갈수없는 고향이기에 더욱 그립다. 정선아리랑, 강원도아리랑, 밀양아리랑, 진도아리랑 경기아리랑 영천아리랑 대구아리랑 등 지역별로 다양한 종류가 있으나 대도시인 서울과 부산아리랑은 들어보지 못하였다. 온 국민의 가슴을 파고든 아리랑이 어디에서 유래된들 무슨 상관이랴. 한국인이라면 아리랑을 부르며 한 평생을 살아왔다. 한으로 뭉쳐진 삶을 살풀이 하듯 그 설움과 안타까움과 설레임과 아픔이 범벅이 된 삶을 굿을 하듯 노래로 풀어놓은 아리랑을 부르면 가슴이 시원해지며 눈물이 절로 흘러나온다. 그녀 온몸으로 부르는 아리랑은 분명 서울아리랑이다. 고향인 서울 여의도 63빌딩에서 또는 자동차소리 요란한 광화문 사거리에서 아리랑을 부르며 고운 버선에 맵씨 있는 흰 모시 치마저고리로 학처럼 춤을 추리라. 서울 아리랑을 목청껏 부르면서…

김 숙 경(stella)

경희대 졸업, 한국문인협회, 현대시인협회, 국제펜크럽 회원, 미주해외문학 편집위원, 한국스토리문인협회 캐나다지부장, 캐나다 한인얼음꽃문학회 5대 회장 역임
영랑문학상 본상 수상
시집 『시월애』, 『백지도둑』

어머니의 가을 외 2편

전 애 자

가을을 제대로 알기나 했던가?
그저 찬바람 불고 낙엽 뒹구는 계절이거니
"시몬, 너는 아느냐?" 외국 시인 레드 미 구르몽의
시 한 구절 아는 체하다 보면 가을이 갔다

젊음에 취해 낭만쯤으로 보낸 계절
단풍놀이 한번은 해보고 지나가야지
그렇게 보낸 나의 가을들을 반추해보니
기억 깊은 곳에서 시린 어머니의 묵은 한숨이 휘돌아 나온다

겨울 언저리에 미리 도착하신 어머니께서
가을로 걸어오는 가족을 품으시던 계절
어머니의 가을은 목청 높고 분주할수록
어린 우리 사남매의 겨울은 따뜻하고 풍족했다

연탄 이백 장, 김장 한 접, 쌀 몇 가마
연탄 광에 쌓아두자고 아버지께 노래 부르시던
어머니의 마흔아홉 살 가을이 내게도 왔다
올 가을 어머니는 반백 살이 목전인 딸에게 노래부르신다

"김장을 삼십 포기는 해야 너랑 나랑 먹겠쟈?"
요즘 세상 김장 못하면 못 먹고 힘든 겨울을 누가 살까마는
늙으신 어머니가 챙겨주시려는 맛있는 겨울
등 따습고 배부른 나의 겨울을 위한 노래를 듣는다

아버지는 가시고 들어줄 이 없는 어머니의 노래를
즐거운 마음으로 들어드리고 분주하게 해 드리자
내 아버지께서 생전에 일흔네 번째까지 가슴에 담으신 가을
일흔여덟 번째 어머니의 가을을 고맙게 내 가슴에 담는다

개나리꽃

아득한 그 옛날
변방의 파수꾼으로 살다가
장렬히 전사한 무명 병사들의 넋이
봄날 개나리꽃으로 환생하였는가
울타리마다 금빛 햇살 닮은 꽃 눈부시다.

아득한 그 옛날
성 안의 백성들을 지키기 위하여
성 밖에서 추위와 굶주림을 이겨내더니
꽃으로 피었어도 그 넋은 그대로
울타리 안의 꽃들을 꽃샘추위로 부터 지키기 위해
울타리 밖의 바람막이로 무성하게 꽃가지 뻗었는가

아득한 그 옛날
오랑캐가 호시탐탐 넘보는
전쟁의 기미도 알아차리지 못하고
썩어 문드러진 고관대작들이
기녀들의 웃음에 홀려 주색에 빠질때에도
군량미가 바닥난 변방의 병사들은
소임을 다하여 나라를 지켰느니

금생 금시 이 봄날
북쪽에서는 핵이 어쩌구 미사일이 어쩌구
나팔소리 불어대듯 뉴스 시간마다
불안한 전파를 날리는데
가슴 철렁한 소식에도 아랑곳 하지 않고
요염하게 피어나는 벚꽃 진달래꽃에 홀려
폭죽 터지는 굉음에 환호하는 상춘객들

짧은 봄날을 즐기려고 꾸역꾸역 몰려든
얽히고설킨 자동차들의 교통 전쟁터
봄꽃 축제장의 변두리에서 일제히 나팔 모양으로 피어
꽃샘바람 막아주는 울타리가 되어지니
분명 개나리꽃은 변방을 지키던 파수꾼의 넋이리라.

빨간 머그컵

붉은 해를 하나씩 삼키던 서쪽 하늘
그 하늘에 어둠이 깔리고
밝은 별 총총 빛날 때면 내 가슴에도
나를 지켜주는 별 같은 사람이 떴어요

가슴앓이가 붉게붉게 홍시처럼 익어
아린 사랑의 독이 온 몸에 퍼져 아파도
말 한마디 입 밖으로 내놓지 못해
그저 시린 가슴에 품고서 혹여 들킬까
꼭꼭 여미어 숨기고 아무렇지 않은 듯

나는 도둑이 되고 싶었어요
훔치고 싶었어요 그 마음을
절대로 열지 말라는 판도라의 상자였어도
열고 싶었어요 그 마음의 문을

어느 마술사가 최면을 걸었을까
뚜벅뚜벅 내게로 다가오는 발소리
어떻게 나만의 암호를 풀었을까
달콤하고 쌉쌀한 커피를 마시고 싶은 갈증

내게 건네준 빨간 머그컵
입 안 가득 고이는 커피향
따뜻한 온기가 담긴 머그컵의 붉은 색
달아오른 열기에 깨질듯한 커피잔

정적을 깨고 톡톡 튀는 소리
불씨가 불꽃으로 피어나는 소리
물 끓는 100도의 온기에 그리움이 녹는 소리
그랬어요 그리웠어요 당신이 건네준 따뜻함
내 가슴 서늘한 날 두고두고 그리울꺼예요

전 애 자

덕성여자대학교 평생교육원 시창작과정 수료, 찬불가 가수
월간 <시사문단> 등단, 한국스토리문인협회 회원, 문학공원 동인, 스토리문학관 동인
시집『커피향 좋은 나의 아침』
동인지『그래도 눈물 난다』,『상처 많은 풀이 향기롭다』,『바람개비』,『마른 이파리 한 잎』,『기억은 소금 없이도 간간하다』,『봄을 밀회한 여자』,『파란우체국]『제로의 두께』,『돌아온 소』
찬불가 음반 <인생무상>

눈이 올 것 같다 외 2편

박 연 희

하늘에 먹구름 가득하고
땅에는 뒹구는 낙엽
처량한 내 모습 같구나

오랜 시간 몰두한 일의 뒤끝인가
무기력해진 몸과 마음
무엇부터 해야 할지 분간이 없고
발밑에서 바스러지는 나뭇잎은
내 마음 같아 서글프네

금방이라도 하늘에서
하얀 눈송이가 내릴 것 같고
준비되지 않은 새로운 출발은
두려운 마음만 앞선다

마음의 세상을 그리며

나를 감추고 네가 되어보려
수많은 생각을 누른 채
또 다른 행동으로
가면을 모두 벗어버리고
아름다운 자연 앞에 춤을 춘다

허울로 뒤덮인
어두운 커튼을 활짝 열어
높고 푸른 청명한 하늘과
눈앞에 펼쳐진
황홀한 계절에 나를 그리며
한 폭의 수묵화로
나의 쉼터에 옮겨놓는다
마음의 세상을 그리며

겁 없는 나이지만

세상의 소리를 담아내며
빛처럼 빠른 세월에
심장은 단단해지고 있다

높은 담을 허물고 쌓기를
게을리하지 않으니
살아볼 만한 세상

낮은 소리에 귀를 기울이며
낮은 자세로 세상을 보니
겁날 게 없는 거야

지난 삶을 그리기보다
남은 삶에 겁을 먹으니
세월이 두려운 거야.

박 연 희

아호는 혜정蕙亭, 문인화가, 시인
전남 무안 출생
2009년 월간 <한맥문학> 등단
한국문인협회, 한맥문학가협회, 대한문학협회, 한국문학방송 회원, 한국스토리문인협회 이사
한국미술협회, 한국문인화협회, 경남여성작가회, 경남 미술협회, 창원미술협회 회원
경남미술, 성산미술 문인화 초대작가
시집 『삶의 밑그림』

시간을 조종하다 외 2편

이 정 순

고통 없는 삶은 없지만
어떠한 고통도 감내하지 못할 고통은 없다
주어진 고통이 오히려 자신을 일으켜 세울 것이며
날아온 화살이 가슴을 뚫을지라도
네 앞에 무릎을 꿇지 않으리라

넘어져
두 손으로 땅을 짚고 일어설 수 있는 용기는
부끄러움이 아니라 희망이다

꿈이 있다면
힘차게 날아오르는 두루미의
그 날갯짓도 부러워하지 않을 것이며
두루마리 속에 갇혀있는 꿈들을
하나씩 펼쳐가며 이루리라

결코,
나는 시간의 노예가 되지 않을 것이며
그 시간을 조종하는 선장이 되리라

달력

종잇장이라고 가볍게 여겼더니
바위보다 더 무거운 너
삼백육십오 일밖에 허락되지 않은 삶
버거운 멍에를 씌워
간신히 열한 달을 버텨내고
마지막 한 장
지친 듯이 매달려있다

한 장 남아 가벼워졌다고
곧 새로운 세상이 온다고
작년에도 그 작년에도
늘 그러면서 속아 왔었지

첫 장일 때는 희망에 부풀어
삼백육십오 일의 날짜 속엔
해님을 더 많이 그려넣었지만
뜯겨나간 자국마다 먹구름이 쌓이고
두 장 석 장 떠나보낼 때마다
내 가슴 한쪽도 함께 뜯겨
네가 뜯어낸 그 무게
뜯겨나간 자국 메운다

때로는 그 무게가 희망적이고
때로는 허둥대며 감옥이 될 때도 있지만
회색빛 구름에 가린 한 줄기 빛이
마지막 남은 너에게
새로운 세상
꿈을 다시 품게 한다

내 사랑 시야

네가 있어 하늘의 빛은 빛이나고
보람된 하루하루를 살아갈 수 있단다
너를 만나지 못했더라면
이 긴긴 인생의 밤을 어떻게 지새울 수 있었겠니
나는 네가 있었기에 모든 사물을
새로운 눈으로 바로 볼 수 있는 해안을 가질 수 있었지
네 마음은 진실만이 존재하지만
때로는 고통의 아픔에 의연할 수 있는 너
바로 너 자신이 혼탁해지지 않았음을 알 수 있었지
이마를 맞대고 앉아 주거니 받거니 어느새 동이 트고
내 안의 고통을 이겨낼 수 있는 회답도 네 안에 있었지

푸른 하늘과 넓은 대지의 자연 속에서
훔쳐 온 너를 원고지에 붙들어 맬 때마다
나는 죄의식을 느껴
너에게 날개를 달아주기 위해 무진 애를 썼단다
아직 근사한 날개는 달아주지 못했지만
산고 끝에 너와 닮은꼴 분신을 탄생시킬 때마다
내 안은 환희로 가득 찼었지

영원히 내게 머물러주라
달빛만큼 창백해진 얼굴로
울림이 있는 가슴으로…

이 정 순

아호는 죽산竹山, 1955년 경남 고성 출생
월간 <스토리문학> 시, 동화 등단
한국스토리문인협회 이사, 서예작가협회 초대작가
신사임당 휘호 대회 입상 '97클럽'
서강대학교 언론대학원 명예석사
1999년 캐나다 이민
현, 캐나다 샤스캐치완문학회 회장
장편동화집 『내 친구 토즈』

새벽길 외 2편

이 종 민

아직 아무도 가지 않은
새벽길을 나선다

인기척에
어둠 속에 서있던 나무
기지개를 켠다

하루의 시작이
삶이 아우성치는 현장일지라도
나는 성스럽게
발걸음에 힘을 싣는다

공원의 벤치는 밤새 내린 눈으로
사유의 진수성찬을 차려두고
삶에 지친 발걸음에
기꺼이 자리 내어 준다

새벽 길
바람 소리 새 소리에
마음이 열린다

결혼하던 날

오늘 지인의 딸 결혼식에
화객으로 앉아있다
나는 가만히 눈을 감고 웨딩마치 속
그날을 회상한다

눈부시게 아름다운 오월
사랑의 갈증으로
우리는 두 손을 마주 잡았다

바람에 아카시아 꽃향기 실려와
흰 날개옷에 뿌려주고
하늘 샘은
힘찬 축가를 불러주었네

아름다운 한 쌍은
수많은 날이 흘러도
잡은 손 놓지 않고
황혼길을 걷고 있네

향기처럼

하늘의 수많은 별만큼이나
바닷가에 모래알만큼이나 많은 사연
다 헤아릴 수 없지만
솔잎에 담겨있는 은은한 향기
내 마음에 담아
그 향기
나눌 수 있음에
범람한 물결 일어도
파도치는 소리가 요란해도
내 향기 가득한 그곳에는
평화가 깃들어있네

이 종 민

계간 <스토리문학> 등단
캐나다 샤스캐치완문학회 회원.
한국스토리문인협회 회원, 문학공원 동인.

상원사의 봄 외 2편

장 석 홍

태고太古적 번민煩悶 안은 고즈넉한 천 년 사찰寺刹
처마 끝 풍경風磬 울음 정적靜寂의 잠 깨워 밝힐 때
장중한 염불 목탁 소리는 산천초목山川草木 꽃 피운다.

사연事緣이 있거들랑 백팔百八 배拜 빌고 빌어
상념想念의 고리 끊어 비워진 마음에다
희망의 촛불을 지펴 환하게 다시금 웃자.

일장춘몽

피어난 노란 꽃이 봄소식을 가져오면
햇살의 따스함에 아지랑이 춤을 추니
꽃향기 내 마음의 뜰에 가득히 번져오네

그 꽃잎 지기 전에 빨간 꽃이 웃음지면
어느새 초록빛 둔덕이 이뤄지고
그리던 봄은 물안개처럼 태양 속에 안기었다

설악에서

한 줄기 소나기가 바람 따라 지나간 후
숲 속엔 솔바람과 들풀들이 속삭이면
부끄럼 가득찬 내 마음에 꽃향기가 피어나네.

장 석 홍張錫洪

아호는 일연壹硯 경기 안성 출생
안법고등학교 성균관대학교 졸업
<스토리문학> 수필, 시조 신인상 당선
한국스토리문인협회 자문위원, 문학공원 동인,
한국시조시인협회 회원

어린 새들은 마음대로 날지 못한다 외 2편

정 이 산

새봄은 갓 시집 온 며느리
원하지도 않은 꽃샘추위
서풍을 따라 날라 온 황사
추적추적 내리는 봄비
피어나려던 꽃 봉우리 움츠리고
두 눈과 숨을 막히게 한다

이러한 시샘과 훼방은
혹독한 겨울을 지났기 때문이다.
비정한 시어머니 새댁 들이고
안방을 내줄지도 모를 불안
자기 사랑을 빼앗긴 한풀이에
새 며느리에게 심술을 부린다.

고요한 아침의 나라 조선
선비정신 무너지고 부패하여
치욕적인 일제 침략을 거치고
해방되니 땅이 둘로 갈라지니
남과 북이 하나이던 한민족
진정한 평화는 멀기만 하다.

알에서 부화한 어린 새들도
한 순간에 날을 수는 없듯이
긴 세월 갈라지고 헤어졌으니
백두에서 한라까지 합쳐지고
한 핏줄로 이어지기 위해서는
쉼 없는 날개 짓을 해야 한다.

팔월의 노래

탐관오리 많아져 부패하고
국력이 점점 쇠약해지면
사바나 밀림의 동물처럼
망국의 길을 걷는 것

청춘을 빼앗긴 위안부 할머니여!
견딜 수 없는 폭행과 만행으로
귀중한 몸과 언어마저 잃어버리고
그 얼마나 피눈물을 흘렸던가?

이 땅의 어느 곳 어디에도
일제의 질곡에서 벗어나기 위해
애국지사의 피땀과 회한이
서리지 않은 곳 그 어디메뇨?

빼앗긴 산과 들 바다여!
꽁꽁 얼어붙어 있던 그 곳에
갑자기 봄기운이 찾아 왔을 때
그 얼마나 가슴 설레었더냐?

이제는 백두에서 한라까지
한민족 한겨레 부둥켜안고
태극기 영원히 휘날리며
대한민국 만만세 부르자!

당신에게 주어진 평화에 늘 감사하라

유사(有史) 이래로 자유와 평화라는 것은
국력의 뒷받침이 있어야 흔들리지 않고 자라나서
해로운 벌레의 침입으로 상처가 나거나 흠 없이
온전하게 맛볼 수 있는 값비싼 과일이라는 것을
어느 곳에서든지 꼭 기억해야 한다.
좋은 과일도 농부의 땀이 있어야 익어 가듯이
평화란 모든 이의 피와 땀으로 만들어지는
고귀한 과일이라는 것을 간직해야 한다.

정 이 산 鄭以山

호號는 다원茶園
1980년 한양대학교 법학과 졸업
2004년 8월호 <스토리문학> 등단
한국스토리문인협회 회원, 문학공원 동인. 시마을 동인

2부
아주 오래된 그림을 보면

함께 가는 길 외 2편

오 현 주

세탁기에서 탈수해 꺼낸 그의 와이셔츠 팔 속으로
억지로 집어넣은 듯 꽉 끼어있는 내 바짓가랑이
소속감 없이 겉돈다 여겼던 물초가 된 옷이
축 처진 그의 팔을 잡고 함께 틀어져 있네
조여 놓은 나사처럼 꽉 끼어 합을 이루니
때로는 서로의 가슴에 비 뿌려 녹녹한 날 많았어도
가시버시 온기로 서로의 고단함 탈수해주니
함께하는 따스함과 안도의 호흡이 흐르네
물살에 파도 타던 하찮은 가시랭이도
나보다 먼저 주머니 속 그의 손을 녹여주었고
사랑은 링거줄처럼 더디게 참는 법을 일러주기에
물과 물이 부딪힐 때도 물의 벽은 아픔을 두려워하지 않았지
벽을 허물어 한 방울의 수포마져 마중물로 비운 뒤라야
목마른 비구름이 약비로 모여 강폭이 깊어진다네
나, 꽃 피고 꽃 지는 동안 당신의 마중물로 소멸하려네
허공이 밀고 당긴 늘어진 빨랫줄이 물초의 손맛을 알 때까지
당신의 젖은 어깨 탈탈 털어 높은음자리에 모셔주려네
홀쭉한 바람이 다문다문 다가와 지렛대로 버티고 섰네
외줄 위에서도 나란하자고

철까마귀의 날들

-텔레비전을 보다가

아마도 괴신이 있을 거야
가까이 가기도 꺼리던 사람들이 용감해졌다
재앙을 몰고 올 거라던 흉물스런 것이
보물선으로 보이기 시작했다

철이 나지 않는 방글라데시 벵골만의 치타공 해변은
수입한 폐선박의 장례식장
피 냄새를 맡은 찰거머리 갯뻘이 따라온다
정강이가 빠져도 허리 잘린 철 조각은
소년 가장 벨랄의 어깨 위에서 드라큘라처럼 피를 빤다

우와, 온갖 것이 다 있네
해안선 이웃한 상점에선 중고품이 불티난다
조금만 있으면 부자가 될 거야
살갗을 뚫는 쇳가루와 석면 덩이가 가난을 면해줄 거야

폐선박이 들어오면 첫 손님이 까마귀다
녹슨 철삿줄로 지은 둥지
철 부스러기가 목에 걸린 새끼들이 쇳가루를 털며 죽어간다

폐유로 오염된 갯뻘은 죽은 까마귀의 천국
해체된 배의 무덤은 날고 싶은 자들의 내일

빈집

봉분만 남은 계란껍데기가
양파 자루에서 잘 말라 있다
툭, 한 조각 부서져 어둠이 빠져나온다
속살 한 점 남지 않아 휑하다

우리 집 화분 속에는 고향을 모르는
수 만 채의 빈집이 고인돌처럼 묻혀있다
큰딸 백일기념 수로 산 홍콩야자 나무가
스물아홉 해를 방세도 안 내고 공짜로 산다

누가 살았고 형제는 몇이나 되는지
지문이나 발자국 하나 없는 터에서
껍데기가 고슬고슬 흙밥 짓고
홰치던 새벽 둥지에 발효음이 퍼지면
먹성 좋은 뿌리가 먼저 대문 열고
발가락까지 빨갛게 기운 햇살이 잎맥 키워
이파리 크기별로 척척 문패를 건다

딸아이 키만큼 어여삐 자라
베란다로 분가한 늘씬한 홍콩가시내
터줏대감 고인돌 영감이 전세금 올려도

나이테에 는실난실 고래 등 지어도
늘 푸른 밀도로 백마 탄 왕자를 기다리는

오 현 주

인천 출생 거주, 2009년 월간 <스토리문학> 등단. 한국스토리문인협회 회원. 문학공원 동인, 자작나무수필 동인, 한국스토리문인협회 2010년 공로상 수상, 2011년 제1회 스토리문학상 시부문 우수상 수상
동인지『애인』,『마른 이파리 한 잎』 외 다수
수필동인지 『아버지와 자작나무』,『이쁜이와 짜장면 오인분』, 『목련화 필 때』

진불암 은행나무 외 2편

오 형 록

싱그러운
바람을 보듬은 진불암에
하늘과 키재기하는 은행나무 한 그루
한여름을 까치발로 보내더니
곱디고운 가을옷 다소곳이 벗어놓고
지나는 구름마다 시약까시 하는구나
볼 것 못 볼 것 나이테에 숨겨놓고
부끄러운 과거는 낙엽으로 떨구며
낮이면 가지에 태양을 걸고
밤이면 가지 끝에 달과 별을 걸어두니
초목의 눈동자 춘하추동 분주하네

기쁨도 슬픔도 한 잔술로 융해하며
오가는 길손마다 마음의 병 씻어내면
만발한 웃음꽃이 지평선을 바꾸누나
얼기설기 둥지를 튼 까치 부부 부러워라
기암괴석 놀이터요 수풀이 곡창이라
하루에도 수 십 번씩 즐겨 찾는 은행나무
천하제일 명지로다
하늘아 구름아 바람아 우리 함께 나란히
희망의 노래를 부르자

아버지가 사 오신 낙지

연일 계속된 오이수확에
구부러진 허리가
밤마다 구슬프게 흐느껴 울었다
하루 또 하루 누적된 피로는
혈색을 빼앗고 의욕마저 빼앗아버렸다
뇌압이 떨어지는 지각변동은
오뚝이처럼 일어서는 발목을 칭칭 감고
멀건 눈동자를 가리고
방 가장자리에 까꾸러트렸다
팔순 아버님께서 초여름 태양을 업고
2킬로 뜸 되는 사거리에서
산 낙지 3마리를 사오셨다
“탕탕 조사 참기름쳐서 묵어라”
흐르는 땀을 훔치며
방으로 들어가시는 모습을 보며
철썩 한차례 파도가 지나가고,
사력을 다하여 낙지를 삼켰다
입안에서 꼼지락거리며
영락없이 몸을 일으켜 세웠고
그날 오후 오이 하우스에서
낙지가 춤을 추었다

어판장에서

초여름 늦은 오후
비지땀을 훔치며 찾아온 곳
구수한 사투리가 달려와 손을 내민다
깔끔하게 단장한 농어가
요염한 궁둥이를 흔들며
몸과 마음을 아낌없이 내게 주었다
흐느적거리던 오감이 일시에 일어서며
이제껏 경험치 못한 오르가슴이 시작되었다
아찔한 현기증이 계속되고
괴성을 지를 때마다
분수를 추종하는 물보라를 일으키며
달콤한 향기를 뿜는 농어의
탱글탱글한 살점을 정신없이 탐했다
촉촉하게 젖은 그 날
우리는 스스럼없이 한 몸이 되었다
가슴속 깊은 바다에 한때의 농어가 몰려와
축제의 한마당이 열리고 목소리가
카랑카랑한 예쁜이가 오늘의 주인공이 되어
백마 탄 왕자의 눈길을 사로잡는다
눈살을 찌푸리게 하던
욕쟁이 아저씨의 사투리도

한 잔 술의 그늘에 눕고
무거운 눈꺼풀을 성형하던 외과 의사도
메스를 집어 던지고 미련없이 떠난다.

오 형 록

아호는 묵혜
시아문학 회장
해남문학 감사
한국스토리문인협회 회원, 문학공원 동인
시집 『붉은 심장의 옹알이』, 『오늘 밤엔 달도 없습니다』 외 공저 다수

새로운 방황 외 4편

송 옥 임

얼마나 많은 시간들이 지나갔을까
그 아까운 시간들이
땅바닥에 곤두박질치기도 하고
허공을 맴돌기도 한다
풀잎이 핀다
꽃이 진다
바람은 잠시 스칠 뿐, 그뿐
가슴속엔 죽은 언어가
삶의 알갱이들을 세고 있다
날갯죽지에 감춰둔 희망의 언어는
내 삶을 굴곡으로 밀어 넣었다
나는 떠날 것인가
머물 것인가를 잠시 생각한다
누군가 곁에 없어도
이제 나는 외롭지 않다
살아온 날들이 나를 강하게 만들었다
세월은 오고, 세월은 가고
끝나지 않은 인생의 강이
내 발밑에 아직 머무는데
계절은 또 지나가도 좋으리
꽃은 피고 풀잎도 다시 피는데…

느티나무 죽다

도로 옆에 새로 지은 그 집앞엔
가로수가 몇 그루 서 있었다
해마다 싱싱하게 잎을 피우던 나무였다
그중 한 그루의 나무가
서서히 잎이 시들더니
시름시름 앓다가 결국은 죽고 말았다
한 마디로 그 나무는
그 집의 걸림목이었던 거다
누군가 나무의 뿌리에다가
몹쓸 짓을 한 것이 너무도 분명하다
확실한 죗가를 묻고 싶지만
아무도 본 사람이 없으니
육하원칙이 성립되지 않는다
그야말로 증거없음이다
또한, 개인적으로 따질 수도 없는 일…
죽은 나무는 이제 곧 베어질 것이다

그리고 누군가는 웃을 것이다

손톱을 깎으며

손톱을 깎는다는 건
신체의 일부를 떼어내는 일
그런데도 아프지 않다
길면 불편하니 자를 수밖에…

나는 손톱을 깎거나
머리카락을 자를 때 가끔
뱀의 허물을 생각한다
이를테면 다시 태어나고 싶은 게다

지금껏 살아온 내 과거가
부끄럽거나 후회스러울 때
나는 뱀처럼 허물을 벗고
눈부시게 다시 태어나고 싶다

송 옥 임

월간 <문예사조> 등단, 고려대학교 평생교육원 시창작과정 수료, 한국스토리문인협회 이사, 문학공원 동인
시집 『하얀 그리움』 외 동인지 다수

겨울나무 외 2편

한 경 숙

빈 가지에 마른 잎 미동 않고
수묵화 한 점 낮달처럼 걸려있다
벌려진 가지만큼의 자리
하늘로 삼고
처음 뿌리 내린 곳에
못 박혀 서 있다
새들의 노래 잊은 지 오랜
훌훌 털어버린 빈 가지 위로
비바람 눈보라 쌓여가면
감각조차 투박한 등껍질 안에선
속살로 여물어 가는 또 하나의 나이테

동백꽃

웃지 않으면 꽃이 아니란다
꽃은 슬퍼도 웃어야 한다
꽃대궁 채로 떨어져 길가에 뒹굴어도
삐에로처럼 웃고 있다
바람은 아직도 귓가에 찬데
간혹 진눈깨비 두 뺨에 시린데
한창 붉을 청춘에 모가지 째 떨어져 뒹굴어도
웃는 듯 울고 있다
동백꽃!
그 선혈 같은 낭자한 이름을 위해
금빛 꽃술 환하게 밝혀 주며
꽃등불로 제 몸 붉디붉은 울음으로 태운다

거미줄

햇살 한 줌
하늘 한 자락 빌려와
허공에 수놓으면
물결로 퍼져나가는 은빛 파문
영롱히 피어올린 하늘 투망
온 종일 기다리는 길목에
바람은 미련 없이
달아나버리건만
욕망에 갇혀 버둥거리는
눈 먼 나비 한 마리
몸짓 애처롭다.

한 경 숙

2006년 월간 <스토리문학> 등단
한국스토리문인협회 회원, 시섬문인협회 회원
동인지 『그림자는 태양을 기다리지 않는다』 외 다수

문門 외 2편

김 선 영

세상 문을 열고 이름 하나를 심었다
한 생명으로 유년의 문을 지나고
어정쩡하게 보낸 학업의 문도 지났다
꿈 많던 초록언덕의 문도 지났다
사람은 태어나서 수많은 문을 지나지만
항상 세 번의 문을 생각한다
부모로부터 태어나 흰 포에 싸였고
배필을 만나 순백의 흰 드레스를 입었고
다시 흰 포에 싸여 돌아올 수 없는 문으로 간다

이젠 젊은 날도 그렇게 문 밖으로 빠져나가고
낡은 그림을 잊지 못해 용기내어 문 앞에 서 있다
헤아릴 수 없는 수많은 문을 지나 숨고르기를 하는 나
이제 나는 많은 고민과 목마름으로 시문 언저리에서
잡은 문이 활짝 열리기를 소망하며
시 고리를 잡고 문을 두드려본다

슬며시 꺼낸 은수저 하나를
윤나게 닦아본다

겨울

몹시 추운 겨울 아침
아침밥을 짓기 위해
부엌에 들어선 어머니
부지깽이로 아궁이 이맛돌을
툭툭 때린다
겨울밤 추위에 따뜻한
아궁이 속에 자리를 편
모든 생명들에게
알리는 위험 신호
단잠을 자던 생쥐들도
쪼르르 달려 나와
살강 뒤로 줄행랑을 친다
그제서야 마음 놓고 아궁이 속에
불을 지피시는 어머니
어느새 햇좁살 같은 햇살이
어머니 손등을 간질이며
생긋 웃는다
오붓한 우리 집 아침밥이 맛이 있다

흥

오늘도 떨어지지 않는 그와 함께 앉아있다
어떤 얘기를 나누어 봐도 덩실덩실 더덩실이다
술을 권해 봐도 흥
천안 삼거리 흥, 능수야 버들은 흥흥흥
그렇게 어깨춤 추며 살고 싶다고 한다
어지러운 세상살이 조금이나마 힘이 되고 싶다며
자기를 조건 없이 분양해준다
어떤 이에게는 새털같이 가볍게 흔들 수 있는 몸을
또 어떤 이에게는 꾀꼬리 같은 목소리를
그리고 어떤 이에게는 아름답게 살아가는 법을
삶에 힘들어하는 이들에게도 용기와 사랑을
그는 어느새 장부타령 한 소절 널어놓고 있다
언제나 덩실덩실 더덩실 신명나는 춤을 춘다
모두 어디를 가나 그와 함께 하고 싶겠지
한 줌 흙이 될 때까지
그가 나와 함께 했으면

김 선 영

계간 <스토리문학> 등단
고려대학교 평생교육원 시창작과정 수료
한국스토리문인협회 부회장, 문학공원 동인
동인지 『돌아온 소』, 『모순된 말씀』, 『하늘포목점』 외 다수

삶이란 · 1 외 2편

소 상 호

우리가 산다는 것은
땀내 나는 신발을 신고 눈을 흘기는 것이다
손가락으로 잼잼거리며
헛기침을 하며 옷을 끼어 입는다
나비넥타이는 아니지만
밥을 먹기 위해 숟가락을 들고
역사로 뛰어 들어간다

지나가는 바람에 덜렁거리는 문을 보며
굳이 세워놓고 싶어진다
노른자를 먹여야 하는지
흰자를 먹여야 하는지 선택을 한다
한 주일 끝에 산에 올라
구슬땀을 흘리며 외쳐보고 싶다

그냥 이대로 살고 싶다
푸른 하늘처럼, 강처럼

삶이란 · 2

그게 뭐냐 하면
눈물도 아니고 콧물도 아닌
오직 나만이 가지고 가는
까치발 호롱불이다
그래서 어느 때는 낯설어 울고
언제인가는 어버이날 몹시도 보고 싶어 울기도 한다
차를 타고 빙그레 돌아서 빗물 속으로 빠지기도 하며
미꾸라지 한 마리로 꾸물대다
용트림하기도 한다
무심코 꼬챙이로 이를 쑤시다
옆집 옥순이한테 들킨다
서서 쏴 하는 자세에서 눈을 마주친 그는 어디로 갔는지
오직 살림을 꾸리는 한 마리 새가 되어
둥지를 벗어나지 못한다
나는 알파요 오메가의 뜻을 알기 위해 몸부림치다
잠을 청하는 어느 세속인이 되어
쓰러져 꿈속을 뒤진다

삶이란 · 3

나에게는 오직 눈으로 말하려는
구석이 있다
가버린 여린 운명을 두드리지 못하고
한 번 두 번 업어주지도 못한 서러운 구석이
날로 날로 어둡다 개이다 한다
그게 인생이라면 그 구멍을 키워 눈물로 막는다
그래서 말 못하는 어진 이를 옆에 두고
나로 하여금 걷게 하는 요술 심보를 가진
신의 우산을 뒤집어 쓴
가시 많은 구덩이다
어느 때는 너무 징그러운 날이다
밝고 새하얀 등이 비추인 산으로 피로로 뭉친 넋을 던지고 간다
가다 가다 지친 것은 오로지 줍는 밤송이의 껍질이다
껍질을 벗기면 남들은 그것으로
생계를 유지하는데
오로지 당신만 위하는 새벽기도의 품절이 아쉽기도 하다
그러다 잘 하면 지옥은 면한단다

소 상 호

월간 <문학세계> 등단, <시와 수상문학> 회장, 한국문인협회 회원, 한국스토리문인협회 이사, 영등포 문인회 부지부장, 세계문인협회 회원, 히람종합건설주식회사 대표이사. 스포츠서울 문학부문 대상, 한국문화예술대상, 한국신문예협회 금상 수상, 시집 『초록빛 바람꽃』. 『시인의 향기』, 『달빛에 오르다』, 『파랑물고기』 수필집 『산에 스치는 바람』

감기 외 2편

김 상 경

앓는다는 것은 세포들이 스스로 자폭을 한다는 것
전투병들이 적과 싸우다 당당히 전사한 것을
콜록의 진혼곡으로 장사지내는 것이다
앓는다는 것은 사람을 보내고 마저 게워내지 못한 울음을 토해내는 것
그 이별을 받아들일 수 없으므로 뇌증을 앓는 어머니가 아예 모른 척 하듯
앓는다는 것은 뼈의 마디를 늘리기 위한 속임수, 성장통 같은 것
무수히 속은 것들에 대하여 반격의 깃발을 흔드는 것
원래의 성탑을 탈환하기 위한 위대한 연극
사십도가 넘는 팔월 가운데 끙끙 앓고 있는
지금 그는
무엇에 속고 그렇게 애가 타
팔월처럼 목마른 것일까

21세기 오감도[4)]

-어느 학교 어딘가에 검은 그림자는 숨어서 안개처럼 흐른다

A-4 여전히
한 아이가 무섭다 하오
두 아이가 무섭다 하오
세 아이는 더욱 무섭다 하오
네 아이는 그냥 무섭다 하오
다섯 아이 모이면 무섭다 하오
여섯 아이는 혼자이면 무섭다 하오

한 아이가 달려가오
두 아이가 달려가오
세 아이는 더욱 달려가오
네 아이는 그냥 달려가오
다섯 아이 여섯 아이와 함께 달려가오

학교 운동장이나 기린봉 뒷산이라도 좋소
화장실 옆칸이라도 좋소
1893년 뭉크의 그림자가 따라가오
소리를 내오
귀를 막고 따라가오

---

4) 이상의 시 「오감도」를 패러디함.

쇠울음 소리오
도망가는 듯하오

멀리 가는 듯하오
멀리 가지 못하고
들리지 않소

B-3 이윽코
한 아이가 눈이 파랗게 빛나기 시작하오
두 아이가 눈이 빛나기 시작하오
세 아이는 눈이 더욱 빛나기 시작하오
네 아이는 눈이 그냥 빛나기 시작하오
다섯 아이 눈, 여섯 아이 눈에서 빛나기 시작하오

C-2 막
한 아이가 사라지려 하오
두 아이가 사라지오
세 아이는 더욱 사라지려 하오
네 아이는 그냥 사라지오
다섯 아이 그림자 여섯 아이 그림자와 사라지오

D-1공
운동장에 모래 피어오르다
기린봉 뒷산에 검은 머리울음 피어오르오
피어오르오
골목이라도 좋소
화장실 뒤켠이라도 좋소
푸른 연기라도 좋소
아지랑이 꽃이라도 좋소
그냥 연기라도 좋소
더욱 꽃이라도 좋소
하나, 두을, 세엣
열..천...
만..백만...
보이오 보이지 않소
보이오
그냥 보이지 않소
더욱 보이지 않소

.

.

.

-END

나의 스승 석정夕汀

파이프 담배
마도로스 실구름이 피어오르고
미소 속에는 4월의 라일락이 피었다

선장의 키는 행운목의 푸른 잎새를 달고
한 걸음 뗄 때마다
교단에는 향기가 그윽하고
문림의 역사가 나타났다 사라졌다

한때 바다 건너 어느 나라 성에서
꽃을 가꾸고나 살았음 직한 신사

시누대나무 키우며
내안에는 남루한 것들에 대한 혁명을 꿈꾸며
펴지 못한 목마름에 산, 산, 산을 부르다

기린이 되어버린 아프리카의 성자

별이 안 보이는 세상에서
성긴 별로 고요하던 큰 바위 얼굴

더운 날 느티나무 숲
석양의 호수이던 스승

김 상 경

아호는 향명, 전북 고창출생, 월간 <문예사조>등단
한국문인협회 저작권옹호 위원, 서울문인협회 이사, 울 양천문인협회 부회장, 현) 영등포 경찰서 종합상황실장
한국현대시인협회, 시섬문인협회, 좋은시공연문학회, 한국학아카데미, 한국스토리문인협회 회원
2011년 양천문학상 수상.
시집 『고요한 것이 수상하다』 외 동인지 다수

묵정밭 외 2편

윤 창 현

콩밭 호미질로 늙으시던 할머니가
예순아홉 흰머리로 먼 길 떠나신 뒤
해마다 볕 든 무덤가에는 할미꽃이 핀다

대나무 숲 속 배부른 사랑놀이에 묻혀
날개 비비며 놀던 산새도 없고
호미질로 늙던 할머니도 없다

기운 담장 넘어 그날의 묵정밭에는
땡볕에 몸을 말린 잡초들이 서로
제 잘난 척 삿대질만 하고 있다

한겨울 정지간 풍경

정지간 아궁이 불쏘시개 잔불 올리면
물 먹은 참나무는 불빛에 제 몸 말리고
침침한 정지간 구석에 비켜 기댄 나뭇단
칡넝쿨 허리띠 풀고 제 차례 기다려 있다

짚 섞어 바른 황토벽 삭아 앞마당 보이고
볏짚에 매달린 흙은 들고 나는 삭풍에 얼어
자싯물 밥풀뎅이랑 검게 춤추고 있다

군불에 덴 부지깽이 아랫도리 뜨거워도
거미줄에 목 매인 애벌레는 한겨울을 나고
그을음은 천정으로 솟구쳐 나 모른 척

장광턱 모이 쪼던 닭 노리던 암 고양이
시린 바람 막아 줄 이곳이 더 아늑하니
온기 밴 아궁이 옆 따사로이 졸고 있다

놀이

해 질 녘 별 내리던 삽짝 마당에는
머슴애들 비석 치기 땅따먹기로 편 가르기 한창이다
계집아이 고무줄놀이 종아리 위에 걸었다
구멍 난 양말 사이로 발가락 하나 쏙 오르고 고무신도 올랐다
머리 딴 끝순이 두렁치마 속, 주머니 팬티는 부끄러움에 낯가리고
먼저 죽은 영자는 관솔 불쏘시개 주우러 뒷산으로 갔다
편 가르기 심술 난 창수 녀석 고무줄 끊고 줄행랑에
누렁이도 처진 귀 쫑긋 세우고 함께 달음질이다
술심부름 잊고 놀던 수근이
선생님 회초리질에 종아리 빨간 경자도 함께 어우러지던 저녁
꽁보리밥 한술 뜨러 간 순이는 배불러 잠에 취하고
술 주전자 주둥이 연방 빨아대던 친구 녀석 코끝 빨개질 때쯤
재잘대던 소리도 사라지고 놀이도 끝났다

윤 창 현

경남 거창 출생, 2004년 4월 월간 <시사문단> 등단
한국스토리문인협회, 한국시사랑문인협회 회원
스토리문학관, 문학공원 동인
시집 『아버지의 자전거』
공저 『상처 많은 풀이 향기롭다』, 『바람개비』, 『 먹다 남은 케이크 한 조각에 보내는 메시지』 외 다수

기다림 외 2편

문 희 원

언제부터인가
버릇이 하나 생겼다

바램인가
아니면 그저 외로움 때문인가
문자 신호에
카톡 신호에
심지어
바람 스쳐가는 소리에도 민감하게
반응하며 마음을 설렌다

기대는 언제나
실망으로 끝나지만
나는 오늘도 기다린다
혹시나 그대
그대 아닐까하고

화사한 봄날
꽃처럼 바람처럼
그대소식 사뿐히
날아올까 하고

불청객

낯 두꺼운 그는
좀처럼 돌아설 줄 모른다.
많은 사람 애태우며
그만 물러가 주기를 간절히 바라건만
아는지 모르는지
제자리만 맴돈다

언제인가 몇 해 전에도
느닷없이 IMF 바람을 몰고 와
온 나라를 춥고 어둡게 만들더니
이번엔 소리도 없이 다가와
세상을 또다시
혹독하고 깊은 어둠속으로 몰아간다

그대여 아는 가
저들의 고통을!
집과 일터 빼앗기고 갈데없는 사람들
잘 돌아가던 공장 하루아침에 무너지고
넋 나간 중소기업 공장주들
집안을 살려보겠다고 여기저기
일자리 찾아 미친 듯 뛰어다니는

실업청년들과 가정주부들
그들은 이제 지칠대로 지쳐 포기했다네

그대여
지금 어느 곳에 방황하고 있나
저들의 지친 삶 외면한 채
어느 곳에 한가로이 머물러있나
이제는 오라
이 춥고 황량한 벌판을 녹여줄
따사로운 햇빛 가득 싣고
그대여 오라!
여기 저기 흩어진 상처받은 영혼들
빈 하늘 바라보며 한숨만 지는데
보일 듯 보일 듯 보이지 않는 그대

돌아설 줄 모르는 낯 두꺼운 그는
오늘도 여전히 제자리만 맴돈다

차를 마시며

마음 따라 세상빛깔
달리 보이네
맑고 투명한 차 빛깔
차 색깔 거울
참마음 보게 하네

내가 누구인지
타인처럼 늘 낯설었던 내 모습
이제야 맑히 들여다보네.

세상빛 달리 보게 하는
맑고 투명한 차 빛깔
차 색깔 거울
그 고요 속에
나를 들여다보네.

문 희 원

서양화가, 월간 <스토리문학> 수필 등단
한국스토리문인협회 이사
문학공원 동인

누가 꽁치를 표절했나 외 2편

김 필 영

갓 구운 꽁치 한 마리
고도의 설계로 만들어졌음이 분명하다
등선에서 배지느러미 쪽으로 말아 감아
줄 당기기 하듯 당겨진 곡선의 내각들
바다 속 수압을 견디며 잠수하는 데 용이할 것이다
물살을 갈랐을 야무진 빰 위로
심해 속을 꿰뚫어 보던 눈을 부릅뜨고 있다
뾰족한 머리에서 미끄러진 매끈한 몸통 끝까지
마찰계수를 줄여주던 피부에 윤기가 흐른다
등과 배의 경계, 암청색 하늘과 맞닿은 은빛 수평선
젓가락으로 허공과 바다를 가른다
몸을 곧추 세워 고속추진을 도왔을 중심 뼈
꼬리 끝까지 흐트러짐 없이 정교하다
척추 좌우에 직각으로 뻗은 가로 뼈들
거북선 노처럼 일정한 간격으로 심겨져 있다
저 뼈가 있어 뒤집히지 않고 먹이를 벌었으리라
부채살처럼 세운 꼬리지느러미
능숙하게 방향을 바꿀 수 있게 가운데가 잘록하다
이 꼬리를 너무 휘두르다 그물에 걸려들었을 것이다
꽁치를 보면 아무래도
잠수함 설계자가 모델로 삼았을 공산이 높다.

벽

평생 누울 수 없다
관절이 없는 그는
길과 길, 사람과 사람 사이에 늘 서있다
틈만 나면 마음과 마음사이에도 그가 서있다
그는 희망과 절망이며 소통과 단절이었으니
그로 성을 쌓고 사진을 걸며 내일을 약속했으나
토라지면 그를 핑계로 돌아섰다
그의 어깨에 게시하여 자기만을 알리다
반목하면 그를 세워 외면하였다
우리의 마음속에서 그를 버리면
아픔 없이 서로 보듬을 수 있으련만
그를 세워 가슴에 대못을 박고
그의 등에 기대어 얼마나 많이 울어야했던가
잃어버리고 잊혀져가는 아픈 것들 모두
내가 만든 그 때문인 것을
나는 오늘 또 다른 그를 가슴에 쌓고 있다
시간과 공간속에
이미 내가 벽인 것을

햇살 받아내는 벽이 되고 싶다
누군가 기댈 수 있는 아늑한 벽이 되고 싶다.

못

누구나
가슴속에 못 하나 박고 산다
뽑힌 것 같은 착각으로 산다
화살이 되어 날아와 박힌 못은
폐부에 뿌리를 내리고 자리 잡아
빼내려 할수록 깊이 파고든다
내게 박힌 못자리가
미어지도록 아파올 때마다
달려갈 수 없어 몸부림치다가
그대가 돌아올 수 없음을 알았을 때
내가 그대 가슴의 못이었음을 알았다
아려오는 못을 내버려둔다
그 못을 뽑을 수 없는 건
못 잊을 당신
못 잊을 이야기가
포승줄처럼 걸려 있기 때문이다.

김 필 영

월간 <시문학> 시 등단 , 월간 <스토리문학> 수필 등단,
한국시문학문인회 사무국장
한국스토리문인협회 회장 역임, 문학공원 동인, 함시 (운영위원), 시산맥 운영위원
시집 『응應』

바람의 소리 외 2편

이 범 용

먹구름 가득한 바다가 사라진 갯가에
내가 있다
빈 마음되어

나는 몇 달 며칠
텅 빈 갯가를 바라보며
먼 바다를 건너온 바람의 소리에 귀 기우린다

바람은 약전[5)]이 들개처럼 헤맨다는 자산[6)]을 지나온 바람소리에
약용은 가슴을 까맣게 태우고
섧게 울었다는 옛 이야기를 전했다
어느 날 후두둑 눈물 줄기같은 비를 몰고온 바람이
산등성이처럼 출렁이는 파도에 쪽배 하나 떠돈다고 말했다
나는 비릿한 갯가 술청에 30촉 백열등 하나 달아놓고
날이 새도록 쪽배가 울음 운 바다를 보며 바람과 한 몸 되어
밤을 보냈다

5) 약전: 순조 때 흑산도로 귀양 온 정약용의 중형 '자산어보'저자 정약전
6) 자산 :흑산도

아주 오래된 그림을 보면

시간은 벌써 정지되었다
소리 멈춘 종탑 위에는
갈 곳 잃은 갈가마귀 한 마리가 회색빛 하늘을 날고 있다
모두가 떠난 거리에는
도시의 마른 바람에 떠도는 싸한 가을 냄새
빈 가슴 같은 허공을 난다
어디로 가고 있나
초겨울 잔설 같은 사람
지나온 세월 저편에는 아직도 울다 만 종소리
새벽 바람결 여운되어 잎새 떨군 나무사이를 맴도는데
서러워 마라 잊혀진 얼굴
기억할 수도 있을 것 같은 낯선 사람아

빛바랜 아주 오래된 그림 속에서 나를 향해 걸어오면
어색한 눈짓에서 정지된 세월의 향기를 본다

바람에 뒹구는 에비앙 물병의 독백

골바람에 뒤척이는 빈 에비앙 물병 하나
어쩌다 하늘을 보고 누워있나

나는 세월에 삭은 아름드리 고목에 앉아 버림받고
잊혀진 빈 물병의 소중했던 옛날을 생각한다
살아간다는 것은 그런 것 아닐까

뒤돌아보라 친구여
무심히 살아온 지난 날
우리는 얼마나 많이 버리고 외면받고 살았던가
그래도 돌아보고 싶은 아련한 추억 하나쯤
낯익은 얼굴되어 찾아준다면 얼마나 좋을까

어느 날
그리운 벗이 낙엽되어 멀리 흘러갔다는 소식
바람결에 실려오면

나는 세월에 삭은 나의 육신 같은 고목에 기대앉아
가늘게 실눈을 뜨고
빈가지 사이로 쏟아지는 파란 하늘을 흘겨보리라

그리고 가슴속 깊이 흐르는
눈물 빈 에비앙 물병에 담고
추억을 함께 나눌 낯익은 얼굴 기다려보리라

이 범 용

계간 <스토리문학> 등단, 한국스토리문인협회 회원, 문학공원 동인. 미국 애리조나 거주

마늘과 마눌 외 2편

김 기 원

마늘과 마누라는 같다
독하니까

마늘과 마누라는 같다
몸에 이로우니까

마늘과 마누라는 같다
인생의 양념이니까

마늘과 마누라는 같다
껍질을 벗겨야 하니까

뜨거운 감자

전자레인지에 감자를 구웠다
한참동안 뜨거워 껍질을 까먹을 수가 없다

통통하던 감자가 찌글찌글해지고
껍질이 잘 벗겨진다
누가 나를 구워줄까
나도 껍질이 잘 벗겨지고
흰 살 드러낸
포근포근한 삶을 살고 싶다

늘 광이나 베란다 같은 구석에서 견디며
감자처럼 스스로 뿔이 나던 삶

이리저리 내돌려지던 나의 삶
나도 뜨거운 감자처럼 주목받고 싶다

자작나무 숲에서

자작나무 숲을 거닌다
그들은 간밤에 자작을 했는지 이리저리 흔들린다
그러나 게으름을 부리지 않은 채
줄무늬 넥타이에 단체복을 입은 채 출근해 있다

출근을 하려고 화장실에서 세면을 한다
날마다 쉬지 않고 자라나는 수염
나는 가끔 늑장을 부릴 때가 있지만
수염은 단 하루도 게으름을 펴지 않는다

나의 자작나무 숲은 날마다 잘려나가도
날마다 신선함을 준다
단 한 번 결근하지 않은 채
삶의 자일리톨을 생산해낸다

김 기 원

중앙대학교 법학과 졸업 및 동 예술대학원 수료
월간 <현대시학> 1979년 5월 초회 추천됨
월간 <스토리문학> 2010년 9월 신인상 당선됨
한국문인협회 회원, 한국현대시인협회 회원, 한국스토리문인협회 회장, 현대시학회 및 시울회 회원

3부
갈대의 낙관

레이더 외 2편

홍 용 구

나는
3M X 3M X 6M의
직육면체 레이더 속에 산다.
전체 54CBM의 공명통이
진동으로 전하는 울림이 느껴질 때
나는 하늘과 교신하는 주파수를 맞추고
커다랗고 네모난 헤드셋에 귀를 밀착시킨다.
현재 시각 오전 05시,
현재 기온 섭씨 8도씨,
무서리가 되다만 이슬이 내리고 있음,
바람은 잠자듯 미동이 없다.
오전 쾌청, 오후는 옅은 구름,
사과가 색을 내기에는
더 없이 좋은 날씨다.
가끔씩 교신 속에 잡음이 흘러나오면
헤드셋을 부여안고 귀를 한껏 쑤셔 박는다.
앗! 바로 지금,
999엄마의 주파수에서
아침 먹으러 내려오라는 신호가 잡힌다.
이제 일어나야겠다

나는 과수원 직육면체 컨테이너 안에 산다. 매일 아침 전기매트가 데우는 따뜻한 이불속에 누워 게으른 일기예보를 듣는다. 요령은 장판을 사이에 두고 컨테이너와 맞닿은 베게에 한쪽 귀를 한껏 밀착시키는 것이다. 그렇게 하면 컨테이너 강판들은 이슬이 내리는 소리, 바람소리, 때로는 눈먼 장수하늘소가 컨테이너에 부딪히는 사소한 소리까지 놓치지 않고 내게 보내주는 것이다. 아주 소소하지만 나의 하루를 채우는데 빠질 수 없는 여유 있는 한때이다

타작 철

후이 척
휘이 척,
훗착 훗착
노간주나무 자루에
물푸레나무 손가락을 동여맨
도리깨의 제철은 콩 타작 무렵,
그래 오늘이 그맘때다.
마을엔 지독한 곰보 아재가 살았었다.
개굴개굴 개굴장이던 내게
아재가 내내 하시던 말씀은
"요놈, 요놈 붕알까뿐다."하시고
콩 타작 철에만 유독
"콩 마당서 까불다 넘어지면 니도 내처럼 곰보 된다." 하셨지
그래서인가,
도리깨질은 힘차게
콩마당은 사뿐사뿐하던,
누런 콩 타작 철이 돌아왔다
고추잠자리가 빨래 장대 위에서 콩마당 내려다보던 그 누런 타작 철이 왔다

밥그릇 굴리는 아침

굼불 때는 등짝은 눈바람에 시려도
불을 마주앉은 사타구니는
뜨거워 간질간질.
아침 굼불은 이맛에 때는 거지.
늙으신 아부지는 앓는 소리로 아침을 열고,
갈수록 게을러지는 영감이 미워
엄마는 아침부터 투덜투덜,
이런 줄 아는 둥 모르는둥
검둥이는 밥 달라고 밥그릇을 굴리고 있는 아침,

때로는 정겹고
때로는 서글퍼서
매운 연기에 눈을 비빈다

홍 용 구

영남대 무역학과 졸업
아침농원 과수원 경영
한국스토리문인협회 회원, 문학공원 동인

갈대의 낙관 외 2편

김 상 만

갈색의 모자를 쓴 갈대는
은빛 강 화폭에 사르락사르락 습작을 한다
이른 아침에 너울너울 피어나는 물안개는
울음 우는 강의 슬픈 그리움으로 화폭 속을 흐르고
잠을 깬 철새들이 몸단장으로 찰방찰방 부산하면
안개는 너울대는 긴 머리 날리며 하늘 여행을 간다
물마루에는 금빛 물비늘 반짝반짝 채색되는 춤사위
아침 햇살이 소담스레 산비 알로 나래짓하면
강언덕 아담한 노옥에 피어나는 하얀 연기는
초로의 노인이 쇠죽 솔박솔박 끓이는 구수한 향기
모든 꽃들은 분신인 씨앗을 묻고 영원의 잠에 들고
노옥 옆 양지바른 담장 밑에는
들국화만이 무서리 시린 바람에도 청초하게 피어
그 향기 더욱 짙어 화폭을 향긋한 향기로 채색을 한다
석양 무렵 느릿느릿 황소의 걸음걸이에
참새들이 조롱되며 누런 등 위에 올라타고
고향의 서정이 산마루 노을빛 따라 채색이 된다
노옥옆 노란 그리움의 길로 단장을 하고
나목이 되어가는 은행나무엔 노란 별 하나
팔랑거리는 사유 한 조각은 더욱 애잔하며

나는 여백의 길로 노란 별 닮은
꼬맹이 손을 잡고서 달 마중 나갑니다
아린 바람 한 줄기 마지막 별 하나 흔들어대면
별똥별 되어 갈대의 손에 떨어지고

갈대는 화제를 쓰고
가을의 화폭에 낙관을 찍는다
갈대의 가을은 별똥별처럼 잠이 든다

대숲의 시

양지 뜸에는 대숲이
병풍 되어 노옥을 감싸고
대숲 앞 남새밭에는 노부부 푸른 이랑 속
자식 돌보느라 연신 땀방울 흘립니다

노옥 뒤편 노부부 심심 위로하는
푸른 바람이 사그락사그락 불어오는
대숲을 걷습니다
멧새들의 아름다운 하모니가 대숲에선
우는 아이 달래는 자장가처럼
세파에 찌든 가슴을 푸르고 순수한 가슴으로
아름답게 정화해주네요

삶이 힘겨운 날 대숲에 가보세요
바람으로 귀를 맑게 씻는
푸른 스승님의 삶의 시를 배워봅시다

가슴을 열라하네
별과 달의 친구가 되라한
바람이 전하는 세상 이야기에 귀를 열라하네
어쩌면 마디마디

푸르고 맑은 영혼의 뼛 속 언어로
하늘에 대신 기도해주는 건지도
사르락사르락 울리는 푸른 향기
가슴가득 별이 쏟아지는 숭고한 울림입니다

밥상의 노래

쭈굴쭈굴 주름진 어머니 얼굴이 모처럼 활짝 피었다
낼모레 쉰이 다된 자식 된장찌개 먹고 싶다는
철없는 투정에 타다닥 칼의 노래 흐르고
두부 한 모 무 숭숭 알싸한 풋고추 썰어
바비락 한 움큼 넣어 솔박솔박 끓이면
구수한 된장 냄새 햇살처럼 방안 가득 퍼진다
향긋한 미나리 시금치 상추 무채
알싸한 고추장 부추 아삭아삭 시원한 콩나물
윤이 자르르 참기름 부어 조물조물 고소하게 무쳐내니
삭정이처럼 마른 손가락 마디마디
매운 세월의 향기가 묻어 생명수가 흐른다
많이 먹어 듬뿍 덜어주시며
얼굴 가득 행복한 미소를 지으십니다
등굽고 무서리처럼 하얀 꽃이 만개한
질퍽한 밥상의 노래가 아린 옹이로 앉았지만
당신과 함께한 행복 한 접시 영원하기를
연등에 불 밝혀둡니다

김 상 만

계간 <스토리문학> 등단, 한국스토리문인협회 이사,
문학공원 동인

선유도 자작나무 숲에서 외 2편

권 영 춘

자작나무 숲에 가면
사람들은 모두 옷을 벗는다

봄바람이 살갗에 내려앉으면
살며시 실눈 뜨는 희디 흰 살결의 자작나무
새로운 하루를 적나라하게 포옹하고 있다

밤이면 선남선녀들이 유영을 하던 선유도
백화가 뿜어내는 피톤치드
사람들은 그윽한 숨결로 사랑을 속삭인다

자작나무 숲에 가면
사람들은
한 조각의 부끄러움도 없이
무거운 마음의 옷을 모두 벗고
에덴동산의
아담과 이브가 된다

둥지

초봄에 찾아온 제비 한 쌍, 밀회密會 끝에 부부의 인연을 맺고
연씨燕氏가 지은 '건축학개론'을 읽기 시작했다.
깃털 곳곳에 사랑의 씨앗을 가득 담은 그들
늦은 봄비가 고목을 흥건히 타고 내린 그날 오후
그들만의 옥하옥(屋下屋) 보금자리 공사가 시작되더니
산 밑의 국제산장아파트를 본뜬, 집 한 채가 완공되었다.
새 생명이 태어나는 날, 부부는 온 나라에 소식을 알리기 위하여
e메일의 통신선에 앉아 꼬리를 깝죽거리며 '둥지 둥지 둥둥둥' 노래했다.
제비 가족들은 중삼일重三日쯤 왔다가 중구일重九日무렵이면
후일을 약속하고 남방을 향해 모두 떠나버린다.

그 먼 길을 찾아오는 왕피천 연어의 모천회귀母川回歸처럼
우리는 양수羊水에서 유영하던 어머니의 살가운 궁을
잊을 수가 없었다.
흙 바람벽 황토냄새 물씬 풍기는 구소舊巢의 은근한 향기를
잊을 수도 없었다.
고향을 떠난 그날로부터 그리움을 하루도
지울 수는 더욱 없었다.
젖내 물씬 솟아나는 가슴통을 훤히 열어놓고
깊고도 흥건한 정을 담아 애타게 '둥지'를 그리며 사는

마음씨 고운 사람들이 그리워
금년 추석명절에도
밀려오는 바닷물처럼 미어지는 가슴을 안고
고속도로가 터지도록 작은 이궁離宮으로 달려갈 것이다.

남방을 향해 날아가는 제비들처럼

매鷹

더 높이, 더 멀리 날기 위한 운명
그대는 새 중의 새

그 뾰족한 예각銳角의 부리로
푸른 하늘 몇 쪽을 물어다 호수를 만들고
예속된 종족들을 불러 모은다
무변無邊의 창공에 수많은 날갯짓
가끔은 새털구름으로 떠 있다

더러는 손안으로 내려와
순종을 터득하고 명령을 배운 그대여
부류部類들의 가슴을 찢어놓기보다는
차라리
이 땅의 모든 어둠과 악몽을 쪼아라

그리하여 그대의 혼이
저 높은 하늘의 구름으로 남게 되고
그대의 육신이 묻힌 곳에서
매발톱나무와
매발톱꽃으로 환생하리니

하늘이 준 예리한 부리와
칼날 같은 발톱과
범선의 돛과 같은 유연한 날개여
오직
사랑과 평화만을 끊임없이 구가謳歌하라
새여!

권 영 춘

계간 <스토리문학> 수필 등단. 서울대 대학원 어학계열 졸업. 서울시내 공립고교 국어교사를 거쳐 서울고 부장교사. 월촌중, 신목고 교감. 삼선중 교장으로 정년. 국가공인 한자지도사 자격 획득. 대학 교양국어 교양한문 강사로 출강 전. 시조시인. 제 3시집: 『달빛이 만든 길을 걸으며』 출간. 한국문협회원, 한국가톨릭문협 회원. 한국 시조시인협회 이사 역임. 한국스토리문인협회 자문위원

詩 외 2편

김 매 절

글이 좋아 글마당에 씨를 뿌렸다
마음의 분량대로 세월을 엮었더니

친구라는 이름으로 나비가 되고 꽃이 피어
인생의 잊지 못할 12월이 되어있더라

꿈꾸고 항해하며 닻을 내려야지
어부의 손길되어 그물로 낚았더니

뱃전 가득 쌓이는 시어들의 춤사위
이것이 바로 행복이란 것

오선지

줄 다섯 리듬 하나
어느새 춤을 추고
검은머리 한 자락
나폴 되는 소녀야

속눈썹 실눈 뜨고
내게로 와서
살랑살랑 달빛 따라 흔들리다
詩가 된다

작은 구슬 장단 맞춰
잔영을 토해낸다

가까이더 가까이
귀 기울고 다가설 때

어느새 노래되고
리듬되어 시소를 탄다

아버지

사랑해요 그 말밖엔
솟대처럼 차오르는 그리움 하나
애써 모든 걸 내동댕이쳐봐도
마음 한 켠 내려앉는 빈 그리움
한껏 그은 달빛 아래
시린 손짓 겨울사랑
떨군 고개 저 멀리
은하수 다리 저편
갈 수 없는 서러움이
물결 되어 일렁이고
차라리 이국이면 멀기나 하지
하룻길 멀다하고 애간장만 녹이고
마음은 고향땅에 깃털처럼 내려앉고

당신의 두 손은
빗장 열고 다가오네

김 매 절
한국스토리문인협회 회원, 문학공원 동인

쌍둥이의 불만 외 2편

고 보 희

너와 나는 쌍둥이 시샘하는 왼손 바른손
같은 주인 섬기는데 왼손은 불만이 많다
오른손은 펜대만 잡고 공부에 열중
수저도 너만 들고 나는 소외된다
지인과 만나도 악수하는 것은 너
짙푸른 나무 그늘에서 테니스 라켓 휘익휘익 흔들며
새벽 공기 가르는 신선한 운동을 하는 것도 너
경기 중 겨우 몸을 지탱하며 보조만 하는 왼손이다만
내가 없으면 너도 할 수 없는 일이 너무도 많지 않을까
지폐를 셀 때도 내가 없으면 어떻게 하지
봄가을에 화분을 옮길 때도 그렇고
그런데 내 주인은 왜 나만 혹사시키는 것일까
무슨 일좀 하고 나면
왼팔인 내가 더 아프니 말이다

새벽시장

어둠을 가르고 수산시장에 갔다
등 뒤에서 얼음 운반수레 "짐이요 짐" 재촉한다
붐비는 통로, 바쁘지 않은 사람은 없다

삶과 죽음의 자리
아가미 펄떡이는 생선과 죽은 생선의 가격차이는 선명하다
살아 움직여야 제 몫을 한다

비닐 앞치마 고무장갑 장화 차림을 한
우악스런 상인의 손놀림 숨을 멈출세라
두툼한 비닐 속주머니를 둥글게 말아 올려
숭어가 놀던 물 새물 반반 채운다
풍덩풍덩 집어넣은 숭어 대여섯 마리

산소줄 밀어넣어 탱탱하게 부풀린다
능숙한 손길 굵은 고무 밴드로 묶어
물과 공기 터질 듯 뽀드득 소리를 낸다
물고기들 보쌈당해 실려간다
대낮보다 밝고 생동감 넘치는 수산시장

굽 높은 구두

오랜만에 신발장을 정리한다
굽이 높은 것도 아직 남아있다

언제 불러 주려나 고대했는데 퇴출이란다
왜 다리 짧은 그녀들만 예뻐하는지
묵묵히 기다린 죄밖에 없는데 억울하다
다리 긴 것이 무슨 죄가 된단 말인가
아픈 데 없이 생생한 그녀들
퇴출 소식에 아우성이다

구석에 있는 남자들도 벌벌 떨고 있다
바바리코트 깃을 세운 채
낙엽 흩날리는 아스팔트라도 밟아봤으면

고 보 희

1935년 황해도 해주 출생, 계간 <스토리문학> 등단, 중앙대 예술대학원 수료, 고려대 평생교육원 시창작과정 수료, 한국스토리문인협회 이사, 문학공원 동인
2011년 한국평생교육총연합회장상 수상
시집 『북어는 오늘 배고프다』 외 동인지 다수

전철 외 2편

김 태 연

상큼한 차림새 정겨운 그가 오늘도 나들이 길을 나섰다
오라는 이 없지만 기다리는 이 많다며
아담한 작은 도시를 매일매일 스쳐지나간다
오가다 마주쳐도 반가운 기색 없지만
대식가란 소문이 파다한 그인
게걸스럽게 먹고 싸대기 바쁜 잡식성 체질이다
육중한 거구를 지탱하기 위한 방편일까
오직 먹는 것만이 취미요 삶의 전부인 듯
오늘도 먹느라 여념이 없다

큰 덩치에 원만한 성품을 지닌 그인
역마살이라도 낀 듯 바삐 돌아치지만
약속시간만은 칼같이 지키는 강북멋쟁이다
천성이 바지런한 그인 오늘도
휴일을 반납한 채 강바람을 가른다

휴전선

여전히 긴 낮잠을 자고 있는
당신에게 할 말이 있어요
뜰 안에 노루 토끼를 기르며
유유자적한다는 건 알고 있어요
통곡의 그날을 자욱한 안개로 덮어두고
모른 척 잠만 잔다는 건 정말 화나는 일이군요
얼룩진 피멍 위에
붉은 저고리만 곱게 기워 입으면 다인가요
가슴 설레는 형제들은
언제 만나란 말인가요
언제라도 달려가 덥석 손잡을 수 있도록
이제 그만 일어나요
세월이 좀먹느냐 하지만
당신은 정말 해도해도 너무 하시는군요
이제 잠 좀 깨요
다들 소풍가고 해외여행가고 난리잖아요

옛말

품앗이로 모내기하는 건 옛말이다
철컥철컥 타고 다니는 이양기가 논바닥 찍고 가면
주인은 빈 모판 내리고 새 모판 올려주기 바쁘다
들밥 이고가 나눠 먹는 것은 옛말이다
젊은 아낙 구경할 수 없는 들판
자장면을 시켜 먹으며 막걸리 한 사발로 허기를 달랜다
피사리하는 것은 옛말이다
호미로 논을 매고 제초기로 밀기는커녕
벼가 누렇게 익어가는 들판은 벼 반 풀 반이다
탈곡하는 날이 잔칫날이라는 말도 옛말이다
콤바인이 혼자서 벼 베기를 해결하니
농부는 낱알은 가마니 숫자만 세면된다
볏짚을 묶는다는 말도 옛말이다
곤포 사일리지 기계가 볏짚을 깔끔하게 말아서
공룡 알처럼 비닐로 포장해놓으니 상할 일이 없단다
돌 고르고 풀씨 고르는 건 옛말이다
모두 방앗간이 대신해주니
밥 지을 때마다 조리질할 일 없어지니 손 쓸 일이 없다
마누라에게 밥 얻어먹는 다는 말도 옛말이다
직장가고 동창회가고 나들이 간 아내들 대신해서
밥 짓고 가족 챙기는 남자들이 대세란다

남자가 큰소리치는 것도 옛말이다
이런, 논에서 피를 뽑듯 목에서 피를 토할 세상이지만
잠자코 사는 길이 이혼 안 당하는 길이란다

김 태 연

<문학저널> 수필 등단, <스토리문학> 시부문 등단
고려대학교 평생교육원 시 · 수필창작과정 수료,
한국스토리문인협회 자문위원, 문학공원 동인
고려대학교 평생교육원 시창작과정동문회 부회장
시집 『봇물 터지듯』, 『마음의 등대』
수필집 『징검다리』 외 동인지 다수

내 마음의 호루라기 외 2편

권 은 중

식탁 위의 소주병 하나
마음의 벽을 사이에 두고
왔다 갔다 한다

한가운데 세웠는데 똑바로 서 있지 못하는 소주병
내 편도 그대 편도 들지 않는다 그저 공손하게 건너왔다 건너갈 뿐

기울일 때마다 딱 칠 할만 채우는 마음의 잔
나는 그럴수록 철철 넘치게 따른다

그대와 내가 만난 그때 그곳으로 돌아갈 순 없을까
그대가 내 손바닥에 얹혀준 참이슬처럼 다시 영롱해질 순 없을까

소주 냄새가 집안에 꽉 찬다
나는 빈 소주병을 입에 대고 호루라기를 분다

소주병은 소주병, 마음은 마음
속에 담은 소주병은 끝내 뚜껑을 열지 않는다

관성의 법칙

놀이터, 폐타이어로 만들어진 그네
한밤 중 고요에도 흔들리고 있다
저 흔들림의 중심에 무엇이 있나
그네이기 전, 길을 구르던 바퀴
아이들을 태우고 온종일 해먹처럼 부라질하다 지친 잠결
흔들흔들 꿈을 꾸나 보다
길의 종점에 이를 때까지 온몸으로 굴러
오로지 축에 매달려야 했던 바퀴로서는
공중에 매달려 흔들리는 것은 생각조차 못했을 터,
진흙탕 길에 몸부림치다가
빙판길을 만나 헛바퀴 돌기도하고
비포장 길에 살이 찢겨도
굴러야하는 것은 멍에가 아닌 숙명,
주차장이 없는 집 앞에서 숨을 고를 때
송곳에 옆구리를 찔려 쪼그라든 생이
마지막인 줄 알았으리라
산다는 것은 멈춤 없이 흔들리는 것
추락하지 않고 살기 위해선 중심을 잡고
끊임없이 흔들려야 하는 것
바퀴가 굴러온 일도 그네처럼 생의 공기 속을 가르며
흔들리는 일의 시작이었던 것
흔들리고 싶다
나를 끊임없이 흔들어줄 이 누구인가

여름 도서관

장맛비 그친 남산
열람실은 매미들이 차지하고 앉아있고
책 읽는 사람들은 모두 밖으로 나갔나 보다
천장에 붙어 목을 돌리는 선풍기
유리창에 비친 제 모습을 들여다보는 형광등
시낭송을 시작하듯 매미 한 마리
또랑또랑한 목소리로 청아하게 뽑아내자
매미들이 후렴으로 파도소리 들린다
열린 창문으로 쏟아져 들어오는
매일매일매일, 와라와라와라

열린 창문으로 쏟아져 들어오는 하모니

권 은 중

월간 <시문학> 우수작품상 수상
한국시문학아카데미(금요포럼) 회원
한국문인협회 회원, 한국스토리문인협회 이사, 문학공원 동인, 제2회 스토리문학상 시부문 우수상 수상
동인지 『기억은 소금 없이도 간단하다』 외 다수

가을 따라 철새는 가고 외 2편

오 세 열

가을이 오던 날
외로운 철새 한 마리
하늘을 빙빙 선회하다 내 가슴에 앉는다
가슴 한켠에
한 줌의 지푸라기로 둥지를 만들고
달빛을 담아놓으니 황금빛 침대다

하나 둘
막대기로 별들을 끄고
가랑잎을 끌어다 어두운 밤을 덮었다
나의 온기를 뜨겁게 불어넣자
날갯죽지를 퍼덕이며 파르르 떨더니
쓰러져 눕는다

흐느끼는 숨소리에 밤하늘이 흔들리고
맥박이 요동치니
낙엽이 우수수 떨어진다
가을은 갈바람에 맥없이 뒹글고
철새는 다시 날개를 추슬러 가을을 떠나고
내 가슴엔 겨울이 온다

에델바이스

왜 그 높은 곳에 있나요
사시사철 당신을 찾아 몇 바퀴 돌고 돌며 방황했어요
당신이 그곳에 있다고 꽃샘바람이 전해주더군요
천년만년 한 몸 되어 영원히 행복하게 살자던 그 말
어디에 버리고 갔나요
언덕 위에 그림 같은 집을 짓고 아들 딸 낳고 잘 살자던 그 말
어디에 버리고 갔나요

오늘도 당신 향한 그리움에 뜨겁게 끓어올라
베개를 끌어안고 가슴 적시며 뒤척이다 잠드는 나를 보았나요
밤마다 찾아오는 고독함으로 별을 따다 가슴에 품고
머리 풀어 통곡하며 흐르는 눈물이 강물되어 흘러가는 것을
당신은 보았나요
당신은 외로움으로 뭉친 검붉은 핏덩어리가
뼛속 마디마디를 갉아먹는 고통을 아시나요
당신은 가슴에 맺힌 한이 칼끝에 상처되어
핏덩어리를 다시 토해내는 그 아픔을 아시나요

내가 그렇게도 싫었나요
그렇게도 미웠나요
그래서 그렇게 높은 곳에

웅크리고 앉아 숨어있나요
메마르고 추운 겨울 산 벼랑 끝에 용케도 살아남아 있네요
아직도 할 말이 남아
온몸에 서리를 맞은 채 그렇게 앉아있나요
거짓말이라도 좋아요
나를 기다리고 있었다고
당신이 있는 그곳을 오르라고
당신의 체온을 느끼며 잠들게요

당신의 영혼 속에 내가 있고
내 영혼 속에 당신이 있으니
세상을 떠난 뒤 그 자리에
당신과 나의 사랑의 씨앗을 뿌리고 솜털로 감싸주리다
바람과 구름이 쉬어가는 곳
당신과 내가 영원히 잠든 곳
겨울 높은 산 그곳에서 피어난 당신과 나의 사랑
영원한 그 이름 에델바이스

그 사람

깊은 가을밤 책장을 넘기다
문뜩 떠오르는 사람이 있어
밤하늘을 멍하니 바라봅니다

아주 먼 곳 어디에 사는지
아직 만나보지 못한 그 사람이
나를 바라보고 있습니다

점점 선명히 보이는 그 사람은
어디서 본 듯한 수심에 찬 얼굴
어느새 그 사람을 사랑합니다

갈바람에 실려 온 가랑잎 구르듯
들릴 듯 말듯 들려오는 속삭임
그 사람이 나에게 전해주는 말

오렌지 가루보다 잘 익은 햇살로
내 가슴에 찾아와 꽃밭을 만들고
꽃망울 폭죽을 터뜨려 준다고

외로움에 지친 고요한 달밤에
내 맘을 흔든 그 사람은 누굴까
지금 그 사람이 보고 싶습니다

오늘밤 내가 먼저 달빛을 타고
그 사람이 잠든 창가로 다가가
꽃망울 폭죽을 터뜨리겠습니다

오 세 열

속초고등학교, 공주사대 수학과
대신검정고시학원, 정진학원 강사 역임
대명기숙학원운영(원장), MBC화상영어(원장), 리빙스쿨(원장), 영북신문 편집국장
편저 『포인트수학』(강의용)

대추차 외 2편

김 방 주

당신의 마음을 편안하게 해주고 싶어요
당신의 침대에도 찾아가서 같이 있고 싶거든요
내 그윽한 향기가 참 좋다는 말
참 부드럽다는 칭찬을 듣고 싶고요
콧물이 흐르고 목이 잠길 때에는
꼭 나를 불러주세요
당신의 언 몸을 따스히 녹여드릴게요
늘 나와 같이 있거나
변하지 않는 정성으로 나를 대하면
내년에는 더 좋은 결과 있지 않겠어요
달큰한 향기와 따끈따끈한 몸으로
당신에게 더 자주 가 만나고 싶어요

더욱 나를 사랑해주실거죠?

눈에

처음 보는 이름의 건강식품 한 상자가 들어온다
'효녀심청'이라는 글이 들어온다
파란 잎사귀와 조각난 작은 나뭇가지 그림이 들어온다
포장된 주스 '진액'이라는 빨간 글자가 들어온다

청개구리 잡으러 빈 참기름병 들고 논밭을 뛰어다니던
여자아이 들어온다
헐레벌떡 숨 몰아쉬며 넘어지다시피 들어온다
엄마! 이거 잡수시면 목이 안 아프고 나을거래
입에 넣고 물 한 모금 들어온다
다시 튀어나오는 초록덩어리 들어온다
다시 집어넣으며 눈물까지 흘리는 모습 들어온다

지금은 보고 싶어도 볼 수 없는 그리움이 들어온다

붉은팥인절미 하나

팥인절미 하나 색 바랜 채 굳어있다

평생을 같이하고 싶은 사람과의
애기치 않은 헤어짐 때문인가
아직 마음속에 남아있는
아릿한 멍울 때문인가
꿈같은 미래를 그려보고 싶은 것인가
누군가의 눈에 띄고 싶었는가

좀 바랜 듯한 그 모습으로라도
오래오래 그 자리에 있었으면

김 방 주

계간 <스토리문학> 등단
고려대학교 평생교육원 시창작과정 수료
고려대학교평생교육원 시창작과정 동문회 부회장
한국스토리문인협회 부회장, 문학공원 동인
동인지 『모순된 말씀』 외 다수

해수도량 외 2편

양 은 하

삼양 바닷가에서
홀로 서니
밤기운 차가워라

금잔옥대 봉우리에
교교한 달은 어우러지고

살 저미는 겨울바람
누가 청하랴만
승복에 파고들어
육신은 싸늘하구나

혹여 중이 아니어도
중생 알지 못한 희열에
금잔옥대 품격은 높아
둘이 합해
하나가 되는 이치

찬바람 묻은 흰 눈에
가사도 희여
아흐, 현기증이다

삭발

무명초 한 올 한 올
깎여 내려가네
업연으로 태어나서
번뇌를 씻어
이 세상 모든 미련 다 버리고
초연히 잡초 뽑혀 내려가네
사십년의 긴 세월
속세의 인연 고리에
얽매어 살다가
실타래가 되어
한 올 한 올 깎여 내려가네
한의 눈물인가
업장의 눈물인가
하염없이 흘러 내려가네
모든 것을 초연히 내려놓고
한 송이 연 꽃을 피우려고
첫 걸음마 시작하네

아! 이제 세상만사 정리하고
사문으로 들어가리라

사려니 노루

사려니 길 홀로 걷노라면
엄마노루 아빠노루 아기노루
한 가족 나들이 한다네
노루가족도 사색을 즐기는가

낙엽이 우수수 떨어져 뒹굴고
조리대 잎 날릴 때
하늘에선 꽃비나리네

붉은 단풍잎으로 온 세상
불 밝혀 중생들의 아픔
달래주고 아름다운 숲은 피톤치드
감싸 안아 모든 영혼을
씻어 내리고 행복한 나날
마냥 꿈꾸게 하네

양 은 하(수철스님)

2003년 <한맥문학> 수필, 2009년 월간 <스토리문학> 시 등단
서울 동산불교대학 경전대학원 졸업, 수보리선원 주지. 제주문인협회 회원, 새별문학회 회원, 풀잎문학회 회원, 한국스토리문인협회 회원. 이어도 문학회 고문

생일 외 2편

김 순 진

스마트폰 위에 책을 올려놓았더니
나도 모르게 알 수 없는 문자들이 찍혀 있다

우린 가끔
ㅅㄱㄱㄱㅈㄱㄴ기기ㅣ식게ㄱㅅㅣㅣㄱ?ㅣㅣㅣㄱㄱㅣㅣㅣㄱㅅ기
ㅣㅣㅣ시ㅣㄴ기긱ㅣㅅ긱?ㅅ긱ㄱㄴ킷ㅋㅅㄱㅣ긴ㄱㅅ기시ㅣㄱㅅ?깃
ㄱㅎㄲㅆㄱㅎㄱㄴㅅㄱㅅㄴㄱㅎㄴㅅ?ㅅ?ㄱㅅㄱ석ㅅㄱ씨시ㅣㄱ식?
ㄴㄱㅅㄱ싃ㄱㅎ?싴ㅅㅋㅎㄴ식?ㄱㅅㄴㅅㅋㅆㄱㅅㅎㄱㅅㄱㅅㄱ?ㄱ
ㅅㅅㄱㄴㅅㄱ씻?ㅅㅋㅎㄱㅅ?ㅣㅅㄱㅎㄱㄴㄱㅅㄱㅅㄹㅅㄱ?ㅅㄱㄴ
ㅣㄴㄱㅅㄱㅋㄴㄱㅅㄱㄱㅅㄱㅅㄱㅎㅋ?ㄱ식ㅅㅣ긱ㄱㅋㄴㄱㅅㄱㅅ
닛ㄱㅎㄱㅎㅣ킧ㅣㄱㅅㄴㅅ긱ㅋㄱㄱㅅㅅㄱㄴㄱㅅㄱ?ㅣㄱㅅ?ㄴㄱ?
ㅅㄱ?ㄱㅅ?ㅅㅋㅅㄱㅅㄱ선ㄱㄱ?ㄱㄴㅅㄴㄱㄴㄱㅅㄴㄱㅅ?ㅎㄱㄴㅅ
ㄱㅅㄱㄴ?ㄱㅅㄱㅅㄱㄴㄴㄱ처럼
키보드를 잘못 누를 때가 있다

나는 사는 게 너무 어려워
그날 밤 아버지가
엄마를 잘못 눌렀는지 모른다고 생각했었다
그런데 살다보니 암호 같은 날들이
꽃으로 피어난다는 걸 알게 되었다

이런 싸가지 없이

초등학교 동문체육대회에서
기수별 배구시합이 벌어졌다
나는 옛날 생각으로
친구가 띄워준 공을 스파이크하려고
제비처럼, 그러내 돼지처럼 날았다
강 스파이크, TV에서 본대로
강만수 하종화 김세진을 벤치마킹하며 팔을 휘둘렀다

공은 내가 싫었던 게다
지난 30여 년 동안 한 번도 어루만져주지 않은 내가
따귀를 갈긴다고 고분고분 맞아줄 공이 아니었다
내 팔은 허공을 갈랐고
그때나 지금이나 똑같은 몸매를 유지하고 있던
약삭빠른 그는 한 템포 늦게
이런 싸가지 없이, 윤문식 버전으로 내 머리통을 쥐어박았다
그가 살살 때렸는데도 나는 심하게 떨어졌다

그리고 종아리 인대가 늘어나 2주일이나 침을 맞아야 했다
바람의 아들이 바람의 언어로
세월을 무시한 나를 꾸짖었던 것이다
누구나 바람을 맞으면 심하게 아프다

허씨 조아[7)]

혀 짧은 사람과 다리 긴 허씨가 긴 다리를 건너가고 있다

다이가 짜이브 사야마구 다이가 기이 사야미
아주 기이 다이으 거여가야구하므
다이 짜이브 사야믄 다이가 기이 사야므 따야서 마구 뛰어가야해
왜냐하므 다이가 기니까 기이 다이오 빠이 거야가므
금세 기이 다이으 거여가쑤 이찌마
짜이브 다이오 기이 다이으 거야가가야고 하므
다이 기이 사야므 다이 짜이븐 사야므 아주 오애 기다여야 하자나
다이 짜이브 사야므 난가 위오 거여가수도 이찌마
다이 기이 사야미 난가 위오 거여가야고 하므 바야미 부여서 떠여지수도 이서
그애서 다이 기이 사야므 빠이 가수도 이게지마
다이가 기이다고 자야하꺼 하야두 어써
다이 기이다고 자야하다가 바야메 쓰여지수도 이쓰니까
우이 이 다이 위에서 누가 더 빠이가나 씨아파래

---

7) '훨씬 좋아'의 혀 짧은 발음, 여기서는 허씨가 좋다는 뜻도 됨.

차가 빠이 다일 때에으 기이 다이보야
다이 짜이브 사야미 허씨 조아

김 순 진

경기 포천 출생, 중앙대 예술대학원 수료, 고려대 평생교육원 시창작강사, 스토리문학 발행인, 도서출판 문학공원 대표, 한국리스토문인협회 명예회장, 한국문인협회 회원, 국제펜클럽한국본부 회원, 한국현대시인협회 회원, 한국시문학아카데미 회원, 은평문인협회 회원, 이어도문학회 카페지기 시집 『광대이야기』, 『복어 화석』 수필집 『리어카 한 대』, 『껌을 나눠주던 여인』, 장편소설 『너, 별똥별 먹어봤니』, 장편동화 『태양을 삼킨 고래』, 시창작이론서 『좋은 시를 쓰려면』, 『효과적인 시창작법』, 평론집 『자아5, 희망5의 적절한 등식』, 편저 『애인』외 다수

국립중앙도서관 출판시도서목록(CIP)
누가 꽁치를 표절했나 / 지은이: 김기원 외. -- 서울 : 문학
공원, 2014
p. ; cm
ISBN 978-89-6577-092-3 03810 : ₩12000
한국 현대시[韓國現代詩]
811.7-KDC5
895.715-DDC21 CIP2014002296

문학공원 동인지 12집

누가 꽁치를 표절했나

초판인쇄일 2014년 1월 22일
초판발행일 2014년 1월 28일

지은이 : 김기원 외
주 간 : 지성찬
부주간 : 권순진 임영석
발행인 : 김순진
편집장 : 전하라
디자인 : 김초롱
펴낸곳 : 문학공원
등 록 : 2004년 3월 9일 제6-706호
주 소 : (우편번호 130-814)서울 동대문구 난계로 26길 17호
삼우빌딩 C동 302호 스토리문학사
전 화 : 02-2234-1666
팩 스 : 02-2236-1666
홈페이지 : http://cafe.daum.net/yob51
이메일 : 4615562@hanmail.net